国家出版基金项目
NATIONAL PUBLICATION FOUNDATION

YISHIFA ZHUANTI YANJIU CONGSHU

医事法专题研究丛书 /刘士国 主编

器官移植当事人相关权利保护研究

王韶婧 著

中国法制出版社
CHINA LEGAL PUBLISHING HOUSE

总 序

医事法，即医疗事务法律的简称，是在现代医疗技术和医疗制度条件下产生的法律领域，跨法学、医学、伦理学等多个学科。医事法与人的生命健康息息相关，涉及生殖技术、器官移植、临床实验、药害事故、临终关怀、脑死亡、尊严死、医生的说明义务与患者知情同意权、患者个人信息控制权与医院对病历资料的所有权、在宅医疗、医疗侵权损害赔偿、基因权与基因治疗、变性手术、同性婚姻等诸多法律问题。医事法学的研究在发达国家通常以民法学为基础，这是因为医事法问题的解决除了要遵循医疗技术规范和生命伦理规则外，还必须以民法基本原理为基础。医事法学在有的国家已经发展成为独立的学科，甚至已经成为某些世界名校法科学生的一门课程。

受苏联的影响，医事法在中国多称生命法学或卫生法学，其研究多年来一直依附于卫生行政系统。改革开放以后，随着经济的快速发展和医疗技术的不断进步，此前基本不存在的器官移植、生殖辅助医疗、变性手术等医疗技术发展较快；医疗制度改革已取得初步成效；医疗保险几乎覆盖全体社会成员；中国已进入老龄化社会，老年医疗、临终关怀等成为社会性问题；作为家庭保健医生的全科医生制度正在逐步推行；中国的医患关系也在悄然发生变化，患者权利意识日益增强，患者自我决定权与医方的说明义务已在侵权责任法中得到确认。此外，由于当前医疗过程中患者需求与有限社会资源的矛盾冲突越来越明显，如何使医疗资源效率最大化以及如何体现公平正义已成为重要的社会问题，这在器官移植中表现得尤为突出，而如何避免过度医疗也是关涉效率与公平的重要问题。我国现有的医事法虽然不尽完善，但已经制定了大量的医事法律、法规，国际上也有许多通行的医疗规则可供参考。这些法律制度及其存在的问题构成了中国医事法研究的基础，也为中国医事法学的发展提供了契机。

复旦大学民商法学科从 2007 年起设立医事法博士研究方向，每年招收两至三名专攻医事法学的博士生。这些博士生有着扎实的法学功底，其中多人在读博期间曾去国外著名院校接受知名医事法教授的协助指导，他们完成的博士论文在各自领域都具有较高的理论水平。现在呈现在读者面前的是复旦大学民商法专业医事法方向的部分博士在他们学位论文基础上修改完成的著作。这些著作选题新颖，多数为我国相关研究领域的补白之作。在复旦大学法学院和中国法制出版社的大力支持下，我们结集推出此套医事法专题研究丛书，拟就医事法基本问题分期出版共十余种，殷切希望此套丛书的出版对我国医事法学的发展和繁荣有所助益。

前 言

器官移植是20世纪中后期人类医学史上的一项伟大创新，也是现代医学领域一项具有划时代意义的技术。它不仅改变了传统的药物救治理念，大大地提高了病体的存活率和个体生命的生存质量，也对医学的伦理发展起到了巨大的推动作用。几十年来，我国器官移植事业发展迅速，移植水平已处于国际前列，而我国器官移植相关立法保障尚未健全。近年来，该领域显现的问题越来越突出，已引发社会的广泛关注和探讨。

党的十九大报告指出，中国特色社会主义进入新时代，我国社会主要矛盾已经转化为人民日益增长的美好生活需要和不平衡不充分的发展之间的矛盾。在现今的医疗技术条件下，器官移植是提高人民群众生活质量、延长人口平均预期寿命、保障现代社会人民利益的重要方式。目前，虽然我国已经初步建立由器官捐献、器官获取和分配、器官移植服务、术后登记和监督构成的人体器官移植工作体系，但法律法规缺位现象大量存在，行政部门无法对器官移植进行有效的监督管理，严重滞后的器官移植相关立法已经不能满足器官移植事业的发展需求。器官移植相关立法已成为完善我国医疗卫生法制、全面实现依法治国的重要环节。只有通过完善器官移植的相关法律法规，才能促进器官移植技术更好地为人类健康服务。从这个角度来说，针对器官移植的立法研究对我国的器官移植医学和法学均具有深远的现实意义。

器官移植不但涉及医学专业领域，还涉及社会学、伦理学、心理学等诸多范畴，如果不加以系统规范，比较容易引发某些社会问题和道德争议，甚至可能导致犯罪现象，如腐败的发生。因此，亟须完善立法以为其开展提供强有力的法律依据和流程规范。而适应我国“新时代”需求的立法研究，则需根据我国现有国情及人民普遍的伦理道德标准，制定具有我国社会主义特色的器官移植法律法规。如何对器官移植中当事人的权利进行限制和保护，以及器官移植的程序规范和立法保障等问题呈现在我们面前。本书以器官移植的立法发展为主线，重点针对器官移植中当事人的相关权利进行研究，试图探求和构建与我国国情相适应的器官移植中民事权利行使及保护的制度，在遵从医学判断的同时，按照规范的法律程序来行使和保护当事人的民事权利。

本书将哲学、伦理学、社会学知识与法学基本理论相结合并开展研究，着重将伦理规范作为器官移植立法的基本规则，对伦理规范进行系统研究、概括归纳，以指导立法规范。全书共由六章构成。

第一章，器官移植及相关立法概述。从医学角度和法学角度介绍器官移植的定义、分类及现阶段相关法学研究所面临的问题，并分析一直以来制约器官移植发展的关键问题——可供移植的器官来源匮乏的伦理学根源。对世界学术范围内极富争议的诸如头颅移植、全脸移植、生殖器官移植、异种移植等前沿器官移植类型所面临的伦理难题进行了介绍和探讨。从器官移植的立法起源开始追溯，按照时间线介绍国内外器官移植相关立法随着医学技术的进步而产生的发展和变化。回顾器官移植立法在我国的发展进程，纵览美国、日本等国家器官移植立法的发展及特点，寻求我国器官移植相关立法的可借鉴经验及发展方向，以推动我国相关法律制度的不断完善，促进器官移植事业的发展。

在此基础上，从第二章开始，分别从器官移植涉及的当事人（即供体和受体）以及参与者（医方）的角度，对器官移植活动中各方主体所具有的可通过现有规范得到保护的权利进行深入的分析和研究。

第二章，器官移植中供体的权利保护。将器官移植供体划分为活体、尸体及特殊供体并分别进行研究。针对活体器官移植，本章围绕器官捐献过程中可能面临的各种情况，对供体的生命健康权、知情同意权、撤销权、优先权进行了探讨。从民事主体的基本权利上看，生命健康权是器官移植供体的首要权利，器官移植要在不损及供体基本生理机能、不以供体的生命健康换取受体的生命健康的原则下进行，通过列举侵害供体生命健康权的各种情形对生命健康权的权利范围予以界定；关于知情同意权，从供体对其身体状况、疾病状况享有充分认知的权利以及自主选择权两方面进行阐述；关于撤销权，主张供体在限制时间内对器官捐献享有绝对的撤销权，但若因行使撤销权而造成受体损失的，亦应承担相应的赔偿责任；在供体优先权的讨论中，探讨了现阶段立法理念中较为先进的“器官信贷制度”的可行性，并对其之于器官捐献的激励作用予以肯定。针对丧失全脑功能的供体（或尸体）器官移植，本章介绍了我国现阶段该类供体的捐赠模式，并通过与其他国家的捐献模式对比进而讨论其改进空间；关于我国医疗实践及立法中较难突破的“死亡标准”问题，对其制定原则和基础进行了学理上的定义，并提出可供立法参考的建议。针对未成年人、无行为能力人或限制行为能力人、死刑犯人等特殊供体的器官捐献，本章对其权利范围、特别限制及保护就我国现有法律制度的相关补充进行了探讨。

第三章，器官移植中受体的权利保护。与供体在道德评价上的优势地位相比，器官移植受体作为受益方，对其权利的保护往往更容易被忽视。针对受体的基本权利保护，本章主要介绍器官移植受体在法律上的诸如生命健康权、知情同意权、隐私权、平等受益权等基本权利的范围及内容。基于我国现阶段可供移植器官来源供给远小于需求的严峻现状，着重探讨器官移植立法中对于器官分配所需遵循的原则及各原则的价值位阶与权重，以期解决器官移植中较容易发生争议的器官分配先后顺序问题。

另外，本章还在民法范畴内对针对供体和受体双方的侵害活动进行了归类，讨论器官移植中的医疗侵权与医疗损害，针对瑕疵器官移植、受体在器官移植过程中可能发生的期待利益受损、最佳治疗机会受损等情况，就其损害赔偿请求权进行立法探讨，对“不合法移植”后器官的处置权进行探讨。特别地，对无供体情况下的器官移植，即人工器官移植中受体的权利保护也作了相应的补充，从而对器官移植这一医疗行为相对于传统医疗法律关系的特殊性进行了阐述。

第四章，器官移植中医方的权利保护。在器官移植这一特殊医疗过程中，除了器官的供体和受体，医方作为完成这一复杂手术的主体，在器官移植中起到了至关重要的作用。本章从医患法律关系入手，明确器官移植中的医患关系是作为一种特殊的社会关系和法律关系而存在的，在此基础上分别对医方的权利和义务进行进一步探讨。同时，从患方的角度进一步阐述其作为医方的医疗行为对象的基本义务。

第五章，器官移植的程序规范与犯罪预防。可供移植器官供求极不平衡的现实局限形成非法牟取暴利的空间，容易滋生犯罪行为。应着眼于器官捐献与分配的程序规范和系统完善，在现有基础上，构建并全面推行中国人体器官分配与共享计算机系统，限制器官移植受益人的支配权，在制度设计上预防随着器官移植在医疗领域的成熟而引发的犯罪增长。

第六章，我国器官移植的立法构想与完善。针对我国器官移植的立法，本章提出以下几点：主张采取“死亡标准多元主义”模式，并从法学与医学跨学科融合角度论证立法推动“多元化死亡判定程序”实现的可能性；提出通过引入器官移植“分级制度”解决不同器官管理标准不统一问题的立法构想；提出将医方和第三方机构绝对分离的管理和分配体系立法构想，以期实现器官移植管理和分配标准的统一；完善我国器官移植医疗体系及监管制度，以期在制度上促进器官移植需求与供体严重不足之间矛盾的解决，弥补现有规范的不足，达到在立法层次上将条例上升为法律，丰富相关内容，明确伦理规则，完善技术规范的目标，最终建立符合我国国情的器官移植法律体系。

目　录

第一章　器官移植及相关立法概述

第一节　器官移植的概念及制约因素

器官移植，医学上是指为恢复病人完全失效的器官功能，将器官作为导入移植物，用手术或其他方法导入自体或另一个个体，以代替原已丧失功能的器官的一种医疗技术；法律上则是指在必要的情况下，以恢复人体器官的功能和人的生命为目的，依据法律规定和当事人的意愿移植健康器官于病人的合法行为。[①] 在器官移植中，捐献出移植器官的个体被称为供者或是供体，接受移植器官的个体被称为受者、受体或是宿主。依照不同标准，器官移植可以被分为不同的种类。按照所移植器官是否具有活力划分，器官移植可以分为活体移植与结构移植；以供体与受体是否为同一个体划分，器官移植可以分为自体移植与异体移

① 陈本寒:《医疗纠纷法律实务》，农村读物出版社 2000 年版，第 26 页。

植；根据供体器官移植到体内的位置划分，器官移植可以分为原位移植与异位移植；根据移植方法的不同，器官移植可以分为带蒂移植、吻合移植、游离移植和输注移植；根据移植器官的类目划分，器官移植还可以分为不同具体器官类目的移植。

我国《人体器官移植条例》第二条明确规定，人体器官移植是指摘取人体器官捐献人具有特定功能的心脏、肺脏、肝脏、肾脏或者胰腺等器官的全部或者部分，将其植入接受人身体以代替其病损器官的过程。它将人体细胞和角膜、骨髓等人体组织移植排除在规范范围之外。笔者认为，血液、骨髓等人体细胞及组织具有可再生性，相应的捐献行为对供体健康造成的影响较小，相对而言并不完全体现器官移植医疗手段的特殊性，故将此类医疗行为排除在器官移植相关立法的规范范围之外具有一定的合理性，但将角膜、皮肤等人体组织排除在外，并不利于立法的系统性及统一性。人体器官和组织移植在监管机构、监管措施、程序规制、法律责任等方面具有一致性，分别立法不但增加了不必要的立法成本，也使得在医学上处于“器官”和“组织”边缘的客体，如受孕物、胚胎、硬脑（脊）膜等，其移植行为难以受到适当的法律调整，故本书的研究范围暂限定于不可再生生命的人体器官及组织。

如今，在医疗实践领域，器官移植这一方法已经成为临床上治疗终末期器官功能衰竭疾病的有效医疗技术手段之一。相对于传统医疗方式而言，器官移植中更为注重如何有效地配置在某些条件下极为有限的医疗资源，通过对器官的供给方和需求方权利及义务的合理配置，打破器官供求的瓶颈，从而减少医疗资源上的无谓浪费，最大限度地将资源集中有效地投入医疗活动之中。

器官移植事业的发展必然依赖于器官捐献制度的建立及完善，而在我国传统观念的影响下，器官捐献曾经是一个令人讳莫如深的话题。传统的伦理道德观念在一定程度上制约着我国的器官捐献发展，如《孝经》所言“身体发肤，受之父母，不敢毁伤，孝之始也”，那么如果捐献遗体或器官，则为“大不孝”。在我国的一些农村地区忌讳谈论身后之事，认为谈论死亡是非常不吉利的事情，还有“人死后在七七四十九天内灵魂不死”的迷信说法，在此期间亲属要祭奠、供奉死者亡灵。因此，对于亲人刚刚去世就捐献遗体或器官的行为，死者家属往往难以接受，死后要留有全尸的传统思想观念也深深影响和制约着我国器官捐献的发展。另外，中国家族思想的影响根深蒂固，亲属间的亲情比较浓厚，虽然人们能够认识到用已经去世的亲人的遗体或某个器官去挽救另一个人的生命是一种高尚的行为，但在亲人刚刚死去、尸骨未寒之时，就将其尸体“千刀万剐”，在情感上难以接受，认为这是对亲人尊严的亵渎和损害，是对死者的不敬。[①]

受这些因素的影响，与世界其他国家相比，我国人体器官的捐献比例处于较低水平。过去十几年里，人们才逐渐意识到，对不幸离世的器官捐献者而言，他们的生命可以通过器官捐献以另一种形式得以延续，而且接受器官移植的患者将重获新生。器官捐献数量也从年均寥寥无几到近两年每年高达五六千例，从一度停滞的器官移植困境到如今每年万余例移植手术的进行，我国器官捐献与移植事业取得了长足的进步，但与新增的移植需求患者数量相比，器官移植供需差距进一步扩大。2015 年，中国完成器官捐献 2766 例，捐献大器官 7785 个，超过 2013 年与 2014 年捐献数量的总和。即便

① 杨立新、曹艳春：《脱离人体的器官或组织的法律属性及其支配规则》，载《中国法学》2006 年第 1 期，第 47 页。

如此，我国的每百万人口年捐献人体器官率仍偏低，2016 年仅位列全球第 44 位，远无法满足我国庞大的移植需求人群，供需差距不断扩大。例如，在美国一年可做 37000 例角膜移植手术，而有近 14 亿人口的中国一年只能实施上千例，中国甚至还要接受斯里兰卡眼库捐赠的角膜。[①] 社会伦理上的观念冲突及器官捐献制度的不完善，加剧了人体器官或组织移植和利用的供需矛盾。在此情况下，非常需要建立起一种既合乎社会伦理和道德要求，又能够保障、促进器官或组织移植及利用正常进行并不断发展的法律秩序。

第二节　器官移植面临的伦理挑战

随着移植技术的推动，特殊器官的移植甚至跨种族器官移植等技术在医学的学术探索中不断涌现，随之而来的，便是与伦理学、传统道德的分歧与冲突。如前文所述，器官移植可按移植器官的不同类目进行分类，其中如肝脏移植、心脏移植、肾脏移植、小肠移植、耳移植、鼻移植、角膜移植等手术已经随着逐渐普及慢慢为人们所接受，但是随着整体器官移植可以预见的实现的到来，以整体关键器官为核心的器官移植成为伦理底线的最大挑战，其中，可能引发巨大伦理争议的包括头颅移植、全脸移植及生殖器移植，其由视觉心理到生理反应方面对受体及家属所带来的道德挑战难以估量。同时，随着科学技术的进一步发展，跨物种移植的实现更是对人类学及社会学底线的拷问。因此，关于这些可以预

① 高崇明、张爱琴:《生物伦理学十五讲》，北京大学出版社 2004 年版，第 197 页。

期将在未来医学实践中实现的器官移植的合法性及通行性的立法讨论，也会成为其最终能否得以实现的关键。

一、头颅移植

头颅移植技术在过去几十年的医学发展中仅存在于理论之中。1962年，苏联外科医生达米柯夫将一只小狗的头移植到一只大狗的颈部，虽然这只狗仅存活一个月，这一手术却震惊了世界，为人类的头颅移植开启了可能性。[①]1970年，美国神经外科医生罗伯特·怀特（Robert White）在猕猴身上成功地实现头颅移植手术，这使得头颅移植应用于人类的可行性进一步增大。[②]

从技术上说，头颅移植的主要障碍在于脊髓的再接合，移植完成后如果脊髓接合无法完成，病人将瘫痪，而绝大多数人都认为这一步骤是不可能完成的。然而，2013年，意大利神经外科专家塞尔吉奥·卡纳维洛（Sergio Canavero）提出用几丁聚糖聚乙烯来连接破损的骨髓以克服供体和受体的脊髓接合问题，可以说从理论上解决了头颅移植的最后障碍。[③]人类的头颅移植即使在医学上得以实现也将面临心理康复、伦理道德等各方面挑战。但种种迹象表明，人类实现头颅移植只是时间问题。

比起移植技术本身，头颅移植面临的更多将是社会心理、伦理

① 东威、颐民:《脑移植和人造脑》，载《科学咨询》2002年第13期，第36页。

② 梅林、刘静、郭庚:《头颅移植研究进展》，载《中华移植杂志（电子版）》2017年第2期，第125-127页。

③ 梅林、刘静、郭庚:《头颅移植研究进展》，载《中华移植杂志（电子版）》2017年第2期，第125-127页。

和法律问题。在清代，蒲松龄的《聊斋志异・陆判》中便有盗丽人之头移植于黄脸婆的故事，但在现实生活中，这一技术的实现对于社会道德，尤其是对于我国较为传统的伦理思维模式，将是一个巨大的挑战。首先，头颅移植虽保留受体的脑部及其组织，但所移植的还包括捐献者可能存留的认知与意识，相比其他单器官移植，头颅移植可能引起病患身份甚至认知的改变和混淆，无论对于法律或是伦理都将产生从未面对的问题；其次，头部包含具备肖像识别功能的面部，而人体躯干亦具有身份识别特征，由此所带来的人格权、肖像权等争议问题将层出不穷；最后，头颅移植对受体自身及其家属所带来的心理压力等问题将不可估量，受体本身将面临极具挑战的心理重建过程，而对于受体家属，由于可能涉及的意识移植，其与受体和供体在法律上的关系也将面临重新定义。世界移植协会道德伦理委员会已明确表示，反对人脑移植的临床研究，认为无数由此而生的法律问题及超越法律层面的问题都将随着伦理学上的矛盾激化而逐渐显现。

二、全脸移植

相较依然处于理论阶段的头颅移植，全脸移植已然在全球范围内试验成功，成为我国相关立法中亟待解决的问题。2010 年 3 月 20 日，西班牙外科医生完成了世界首例全脸移植手术，将一个不能正常完成咀嚼、呼吸、说话功能的男子面部彻底置换，这一手术被誉为“整形外科的圣杯”。[①] 此后，土耳其、法国、美国等先后成为全

① US woman mauled by chimp shows new face in first photo，http：//www.chinadaily.com.cn/world/2011-08/12/content_13098716.htm，访问时间为 2016 年 10 月 4 日。

脸移植技术的先驱国。

因脸部移植易产生“身份问题”这一特殊性，2005 年在法国实施第一例脸部移植（针对部分面部器官进行移植）时曾一度受到强烈的谴责，所有在此期间发表的相关医学文章均认为脸部移植存在道德困境。然而，美国整形外科学会（ASPS）发表在其官方医学杂志上的一篇文章称，通过回顾从 2002 年至 2012 年 100 余篇脸部移植伦理争论的医学文献可以发现，社会对于脸部移植伦理的争论正在逐渐减少，尤其在 2008 年后，所发表论文的观点开始向全脸移植的道德缺陷被其益处抵消的方向倾斜。尽管如此，在我国这一技术的应用依然面临着社会心理、伦理和法律问题。

针对脸部移植，伦理上最常见的争论在于面部特征改变和心理影响方面。一方面，在技术上，要求供体必须为青壮年，且脸部需在捐献者死后 10 小时内取下，而脸部体现了人类身份识别的最主要特征，当然寄托了亡者亲属最深的感情，移植行为往往令人难以接受。另一方面，脸部作为人类履行社会角色的主要特征的载体，其附加的辨识度是承担法律责任及道德约束的重要依据，脸部的置换将造成辨识困难，由此可能引发受体法律主体、社会关系的混乱，对受体造成巨大的心理压力。另外，由于脸部移植可能引起受体身份特征的重大改变，相关法律需要对受体更改其他身份鉴别特征进行严格限制，以防止其利用新的身份特征从事有悖公序良俗的活动。

三、生殖器官移植

不同于在我国尚未兴起的全脸移植术，生殖器官移植技术已在我国医疗实践中实现并逐渐普及。我国自 20 世纪 60 年代进入器官移植的临床阶段，已实现针对睾丸、卵巢等局部生殖器官的移植。[①]在胚胎器官移植等方面的进步为我国大规模开展生殖器官移植打下了坚实的基础，如阴茎移植等生殖器官移植技术，就是在这种大环境下发展起来的。

医学史上，有文献可查的首例男性生殖器官移植术就是在我国实施的。相较其他国家，我国在这方面走在技术和理念的前沿。2005年9月20日，广州军区广州总医院（现更名为中国人民解放军南部战区总医院）泌尿外科成功地为一位外伤后阴茎缺失患者实施了世界首例同种异体阴茎移植。由于准备充分，手术进行得比较顺利，患者的术后恢复情况良好，各项免疫指标均检测正常。这一手术在国内和国际上都引起了极大的反响。全球各大新闻媒体争相报道，称其为“世界器官移植新领域的大胆尝试”。[②]

与一般器官移植技术不同，生殖器官的移植所涉及的伦理问题更多、更复杂、更尖锐。首先，作为一个长期受封建礼教思想影响的国家，尽管我国改革开放已有40年，但是在有关“羞于启齿的性问题、无后为大的传宗接代问题、重男轻女等问题”上，传统思想依旧根深蒂固，生殖器官移植的受体需要承受来自父母、亲戚、朋友、社会舆论等各方面的压力，尤其是配偶的心理压力对受体形成巨大的考验，有时甚至成为其是否手术的决定因素之一。其次，我国性教育程度较低，对生殖生理的了解与发达国家相去甚远。同时，缺失生殖器官的患者，尤其是男性患者，心理状态与常人不同，在手

① 张利朝、胡卫列等：《关于阴茎移植的伦理问题》，载《医学与哲学（临床决策论坛版）》2006年第3期，第71-72页。

② Weilie Hu, et al., A Preliminary Report of Penile Transplantation. Eur Urol., 2006, 50 (4), pp. 851-853.

术重建后的心情难以被理解，其思想状态也不稳定。再者，异体生殖器官移植无论对于供体或医生而言，均具有特殊性，而对于这项在国内尚无法律或规程约束的新治疗技术，只能参照普通器官移植进行，在治疗及器官应用方面所作出的选择也主要取决于医生的职业自律。

四、异种移植

所谓异种移植，又称跨种移植，指供者、受者属于不同物种，通过将动物的组织、器官移植到人类的身上，代替不健康的组织、器官行使功能。异种移植的兴起是因为同种移植器官的资源匮乏，难以满足现有需求。数据显示，中国每年亟须接受器官移植手术的患者有 150 万人，而最终能获得供体捐献并接受移植的患者不足 1%。在这种情况下，医学探索开始将目光投向非人类器官资源。相较同种移植，异种移植的好处是器官来源不受限制，但异种移植中最大的难题是异种间存在强烈的免疫排斥反应。目前，根据医学界对于异种移植的共识，猪作为供体是最佳选择，因为猪与人类有许多类似的生物学特点，诸如皮肤具有上皮修复能力、对高胆固醇饮食的反应相同等。

实际上，异种移植的发展早于同种移植。1905 年，一位法国医生进行了世界第一例异种器官移植手术，将兔子的肾脏植入肾功能衰竭儿童体内，但在两周后，受体由于排异反应死于肺部感染。20 世纪六七十年代，异种移植进入技术发展的高峰期。直到 20 世纪 70 年代末，同种移植技术出现质的飞跃，异种移植的发展才有所停滞。20 世纪 90 年代末，同种移植供体器官的严重短缺使得异种移植再次兴起。近年来，异种移植中的转基因技术又引起伦理争议。[①]虽然异种移植在临床尝试中并未获得长期存活的效果，但是在人体的某些脏器失去功能时，移植动物器官能在人体内存活一段时间并能发挥作用，为找到合适的人体器官后再进行移植赢得时间。

一方面，在法律规制方面，异种移植存在诸多弊端，潜在性地威胁到自然人的许多法律权利。其与同种器官移植最大的区别在于，异种移植的器官大多来自动物，因此，异种移植便产生了“商品化”的问题。[②]同种器官移植提倡推定同意和自愿捐献，因此有明确的禁止买卖规定，但异种移植从基础研究到临床实践化本身就投入了巨大的资金，同时被选定的动物具备商品的一切属性，由此关于供体动物种群、个体、单个器官或组织的价值和价格、组织器官的质量等级及手术后“商品服务”的内容，都成了与商品交易相关的立法问题，无疑对主要针对同种移植的现有法规提出了新的挑战。

而另一方面，动物保护主义者也以动物具有生存权利为依据，反对将动物器官植入人体。在各类动物权利运动中，诞生了一系列动物保护法律法规，如美国 1966 年制定了《实验动物福利法》，几经修订并重命名为《动物福利法》；又如澳大利亚则规定，使用实验动物必须成立动物伦理委员会（AEC），在得到 AEC 的书面批准之前不能开始科学和教学活动。[③]虽然大多数学者对动物作为民事主

① 韩颖：《异种器官移植的发展与医学伦理学思考》，载《中国医学伦理学》2005 年第 3 期，第 27–29 页。

② 杜瑞芳：《异种移植法律问题初探》，载《河北法学》2004 年第 8 期，第 12–16 页。

③ 任元鹏：《异种移植的法律问题思考》，载《医学与哲学（临床决策论坛版）》2007 年第 3 期，第 68–70 页。

体而受到保护持否定态度，但动物应当受到法律保护为大多数人所赞同，世界各国所颁布的相关法律法规无疑也反映了这一愿望。

综上所述，器官移植技术在各个领域取得卓越突破的同时，也在伦理道德、法律法规的设立等方面带来了巨大的挑战。反对器官移植的主要观点认为，器官移植有太多的功利主义色彩，有悖于传统的道德观念，特别是对于像多器官联合移植、颅脑移植、异种移植这些尚待开发和改进的领域，公众接受的程度更低。但同时，世界上大多数国家依然在以上前沿领域开展各种器官移植研究，并没有因为费用昂贵或道德阻力而停滞发展。因此，在未来器官移植技术稳步发展的过程中，需要在传统的法律法规的基础上依据实际情况进行适应性革新，以应对器官移植中层出不穷的问题，同时通过明确法律规定降低人体器官被滥用的风险，使所有从这种新技术中可能得到的利益被控制在正当目的和规范程序所允许的限度之内。

第三节 器官移植立法的源起与发展

从 1954 年美国成功施行第一例肾脏移植手术，使器官移植技术跻身医学科学应用的那一天起，技术进步与道德拷问之间便一直存在巨大的争议，也恰恰是这一争议的衍化，不断推动世界范围内的相关立法发展。为了保障器官移植技术及其相关工作得以顺利发展，许多国家和地区都在寻求不同的立法思维或各类立法原则，以实现运用法律手段规制器官移植，解决器官移植过程中在医疗及法律上可能出现的相关问题。

一、国外器官移植相关立法进展

美国是世界上开展器官移植最早的国家，也是实现器官移植数量最多的国家。早在1948年，美国便制定了《统一尸体提供法》。在其推动下，1954年美国成功地完成世界上第一例肾脏移植手术。随着器官移植技术的不断发展，美国陆续颁布了更多的相关法律法规，并逐步建立起功能完善、职责清晰的管理机构，以促进器官捐献及移植的发展。

1968年，美国哈佛医学院首次提出以"脑功能不可逆性丧失"作为新的死亡标准，自此形成世界上首个脑死亡诊断标准。同年，美国国会通过了《统一遗体捐献法案》(UAGA，Uniform Anatomical Gift Act)，该法案由美国律师协会等组织倡议提出，规定由专门的器官获取组织（OPO，Organ Procurement Organization）负责收集和管理器官信息。该法案详细规定了遗体捐献的供体亲属范围、顺位及其权利。依据该法案，按照顺位有权捐献遗体的近亲属包括"配偶、成年子女、父母、成年的兄弟姐妹、死亡时死者的监护人、有处理遗体权限或义务的其他人"，"在有本人及同顺位或先顺位人的反对，且后顺位人已知时，后顺位的人不得做出遗体器官捐献的承诺"。[①] 截至1974年，该法案已经被美国所有的州采纳，其后分别于1987年、2006年和2010年进行过3次修订。

1978年，美国通过了《统一脑死亡法》，首次通过法律认定脑

① 侯峰忠:《美国器官捐献和移植管理体系简介》，载《中华移植杂志（电子版）》2011年第4期，第330-336页。

死亡即为死亡，这一立法扩大了对死亡的传统定义。1984年，美国联邦政府又制定了《国家器官移植法案》(NOTA，National Organ Transplant Act)。根据该法案规定，国家器官获取和移植网络(OPTN，Organ Procurement and Transplantation Network)在美国卫生及公共服务部授权监督下由一家私人的、非营利组织来运行，是一个联接所有组织及个人的关于器官移植和捐献的系统，其职能是提高器官移植的数量和质量，并有效确保合格的器官在全国范围内得到分享，提高器官捐献的数量。该法案同时提出应颁布全国实行的相关政策，开发检索查询系统，以在全国范围内分享可用的器官。另外，该法案明令禁止器官的出售和购买。随着在抗排异药物研究方面的突破性进展，1986年美国又通过了《请求程序法》，对医院和医生在适当的病例中为病人的家庭成员提供捐献死者器官的机会进行了规定。截至2009年，美国共有863万人登记加入器官捐献者资料库，成为世界上最发达的器官移植国家。

日本的医疗技术发达，很早便开始实施眼角膜和肾脏移植手术。因此，日本于1958年基于角膜移植技术制定了《角膜移植法》，对角膜移植进行规制。1968年8月8日，北海道札幌医科大学附属医院的和田寿郎医生成功实施日本历史上首例心脏移植手术。这次手术虽然在医学上被认为是具有重要意义的划时代的进步，但是主治医生和田寿郎因“将器官移植到并非急需器官病人的身上”及“无视排斥反应、进行人体实验”遭到札幌地方检察院的起诉，虽然最终日本最高检察院于1970年9月1日宣布对其不予追究责任，但是该事件给日本医学界乃至全世界各国的医疗立法都留下了阴影。[①] 而

① 《日本首例脑死判定及脏器移植》，载《医学与哲学》1999年第8期，第43页。

这一事件在日本社会也引起了极大争议，并一度导致日本公众对医疗机构和器官移植技术本身的质疑。

在经过长达 30 年的争论之后，直到 1997 年 10 月，日本《器官移植法》才得以施行。在死亡判定标准上，该法案允许捐献人或其亲属在心肺死亡与脑死亡之间进行选择，规定捐献人在自我意识健全的情况下，有权在“器官捐献决定卡”上填写自己对于脑死亡的态度。若该捐献人在“器官捐献决定卡”上明确表示反对将脑死亡作为判断死亡的依据，捐献人在心脏停止跳动后才被认为处于死亡状态；若该捐献人认同脑死亡作为判断死亡的依据，其意愿同样会反映在“器官捐献决定卡”上。这种将捐献人的意愿作为主要依据，并使其得到法律保护的特性，被日本学者森冈正博称为“多元的死亡定义”。[①] 在捐献人自我意识不健全的情况下，捐献人家属有权选择以脑死亡作为该捐献人的死亡标准，并同意捐献遗体。

相对亚洲国家而言，大部分欧洲国家开展器官移植立法都比较早，且都具备由国家立法机构制定的器官移植专门法。丹麦于 1967 年制定了《人体组织摘取法》；西班牙于 1965 年也开始着手与器官移植相关的立法工作，但直到 1979 年立法机构才最终通过了《器官移植法》；挪威于 1973 年制定了《器官移植法》；瑞典、原民主德国于 1975 年颁布了《器官移植法》；法国于 1976 年颁布了《器官摘取法》。上述这些法律的颁布使得整个欧洲器官移植数量稳步攀升，但是到了 20 世纪 80 年代后期，由于技术发展和器官移植管理趋于复杂，欧洲各国的器官移植立法及适用陷入困局，器官移植在法律和

---

① ［日］森冈正博：《日本的“脑死亡”法在世界上属先进法案》，载《国外社会科学》2001 年第 5 期，第 108–109 页。

医学上的发展和应用也一度停滞不前。为了解决这一困局，1989 年西班牙卫生和社会事务部率先成立了国家器官移植中心（ONT），负责统筹全国器官的获取和分配，这一行动很好地为欧洲其他国家作出表率，其组织模式在国际上被称为“西班牙模式”。[①] 英国也于同年颁布了《人体器官移植法案》，该法案的主要内容是限制器官移植的商业化运作行为，并对非亲属间的器官捐献进行了详细规定。而德国直到 1997 年才通过了《器官和组织捐赠、摘取与移植法》。

1987 年的第 40 届世界卫生大会上通过了 WHA40.13 号决议，制定了器官移植的 9 项指导原则，其中包括捐献器官的公平原则、自愿原则、最小伤害原则、器官非商业化原则及保护未成年人利益原则等，该指导原则成为世界各国和地区立法参考的主要原则，为世界范围内器官移植的立法提供了可靠的立法依据。为了解决器官供应不足的问题，世界卫生组织欧洲理事会 22 个成员国的卫生部长于同年 11 月在法国巴黎就器官移植手术中的合作问题展开讨论，并决定在欧洲范围内开展国际合作，交换人体器官，发展器官移植，显示了在器官移植领域国际合作的发展趋势。

1996 年，阿根廷为了应对器官移植供体供小于求的问题，通过立法规定“年满 18 岁的公民在办理个人身份证时，在完全自愿的基础上，必须声明是否愿意在死后捐献自己的器官，并保留随时更改决定的权利”，政府将资料输入全国器官捐献协调委员会的资料库，以此实现随时调用的目的。在同一时期，西班牙为了弥

① 刘煜崝、姜鑫：《西班牙模式对我国器官移植供体保护的启示》，载《医学与法学》2017 年第 4 期，第 13-16 页。

补器官移植供体的不足，在各医院设立医疗小组，由接受过培训的人员与死者家属接洽有关器官捐献事宜，在保证不影响工作的前提下，医疗小组成员还可在其他任何医疗机构动员捐赠器官，这种办法在西班牙被大范围使用，并取得了显著成效。据统计，截至 2003 年年底，全球人体器官移植量累计已达 99.8 万例次。到目前为止，已有 100 多个国家和地区制定了器官移植的法律法规，并逐步发展成熟。

二、我国器官移植相关立法进展

我国作为较早开展器官移植的国家之一，随着近年来在器官移植领域的观念更新及技术进步，现阶段无论在器官移植数量上或医疗质量上均已处于国际领先地位，在某些器官移植领域甚至达到世界先进水平[①]。早在 2003 年年底，我国累计施行各类器官移植手术就已超过 5 万例次，成为器官移植数量仅次于美国的第二大国。据中国人体器官捐献管理中心统计，截至 2014 年年底，全国累计实现捐献 2983 例，有 8293 名器官衰竭者因此而获得医治，累计志愿者报名登记 34049 人，我国每年百万人口器官捐献率已从 2010 年的 0.03%，提高到 2014 年的 1.24%，我国的人体器官捐献体系已经基本确立。

然而，受到传统文化及社会观念的制约，人体器官捐献与移植的立法依然是一个备受争议且行之艰难的问题。器官移植在为患者带来巨大福祉的同时，面临的供需矛盾也越发突出，从而引发了一

① 陈实:《器官移植新进展》，载《临床外科杂志》2004 年第 1 期，第 41-42 页。

系列法律和伦理问题。因此，我国在器官移植方面的相关立法工作也更为谨慎。

（一）我国内地相关立法进展

1984 年，最高人民法院、最高人民检察院等部门共同颁布了《关于利用死刑罪犯尸体或尸体器官的暂行规定》，该规定中明确了对于死刑罪犯尸体及其尸体器官的处理原则，这也是我国首部与器官移植相关的规章。此后，我国相继数次尝试提出有关器官移植的立法方案，但均未得以通过。2000 年 12 月，我国第一部有关遗体捐献的地方性法规《上海市遗体捐献条例》颁布，并于 2001 年 3 月 1 日起正式实施；2002 年 5 月，《贵阳市捐献遗体和角膜办法》颁布；2003 年 8 月，深圳经济特区首开先河，制定并颁布了我国首部器官移植专项地方性法规《深圳经济特区人体器官捐献移植条例》，该条例在考虑我国具体国情的同时借鉴了别国的先进立法经验，具有一定的进步意义。

2007 年 5 月 1 日，国务院通过的《人体器官移植条例》正式施行，成为我国规范人体器官移植、维护公民合法权益的基本条例。《人体器官移植条例》的颁布和实施意味着我国首次对涉及人体器官移植过程的行政管理事项作出规定，对医疗机构、医务人员在各环节的行为进行规范，同时对我国境内合法与非法摘取人体器官的行为予以界定。由于各种客观条件的制约，《人体器官移植条例》并未就我国建立符合伦理学的人体器官捐献系统提出具体要求和明确规定。

自 2007 年《人体器官移植条例》颁布后，专家学者多次呼吁根据我国器官移植发展情况及国情对其进行修订，相关部门也多次表示会尽快完成修订，但迟迟未有进展。2015 年 1 月 1 日起，中国的器官移植全面停止使用死刑犯器官，公民捐献成为器官移植医疗的唯一来源。2015 年全国两会期间，时任全国政协常委、中国人体器官捐献与移植委员会主任委员、卫生部（现为国家卫生健康委员会）原副部长黄洁夫表示："当务之急，是 2007 年颁布的人体器官捐献条例需要全面修订……打造一个升级版的器官移植法文件。"现阶段，对于《人体器官移植条例》修改讨论的重点主要是在形成"符合国情的器官捐献分配体系"这一命题上，使之适应当前形势、主要工作和法制建设的需要，在国家卫生健康委员会和红十字会的组织下建立包括受者管理系统、等待器官列表管理系统、捐献者管理系统和器官分配系统在内的器官移植应对系统。

刑法领域，2011 年 5 月 1 日施行的《中华人民共和国刑法修正案（八）》中专门设置了与人体器官相关的罪名与刑罚："组织他人出卖人体器官的，处五年以下有期徒刑，并处罚金；情节严重的，处五年以上有期徒刑，并处罚金或者没收财产。未经本人同意摘取其器官，或者摘取不满十八周岁的人的器官，或者强迫、欺骗他人捐献器官的，依照本法第二百三十四条、第二百三十二条的规定定罪处罚。违背本人生前意愿摘取其尸体器官，或者本人生前未表示同意，违反国家规定，违背其近亲属意愿摘取其尸体器官的，依照本法第三百零二条的规定定罪处罚。"这一规定将对器官移植中某些危害行为的规制提升到刑法层面。

（二）我国香港地区相关立法经验

我国的香港、澳门以及台湾地区根据其地区器官移植发展的需要，分别于 20 世纪 80 年代到 90 年代制定了各自的地区器官移植法规[1]，这些法规的制定对于规范以上地区的器官移植分配、规范实际临床应用、推动器官移植技术的发展起到了重要作用。

早在1995年，香港地区就颁布了首部器官移植的相关法律法规——《人体器官移植条例》（香港法例第465章），其后分别于1999年、2004年、2018年进行了多次修订，该条例也成了香港地区标志性的地区性法规。香港地区的立法思路主要着眼于对技术的控制和约束，这也是其与其他国家和地区现有相关立法之间的主要差异。

该条例虽然没有对所规范的移植器官的类目进行列举，但对“器官”的概念进行了立法解释，将“器官”定义为“人体内任何由有结构组织构成的部分（而该等组织如被完全切除，是不能在体内再生的），亦包括任何器官的一部分”。根据其对“器官”的定义，则将血液、骨髓、皮肤等可再生组织排除在所规范的器官移植范围之外，而将角膜、肢体等不可再生组织划归在规范范围之内。针对活体器官捐献的范围，香港地区于1999年对《人体器官移植条例》增补了第7号第2条法案，规定条例中的活体器官捐献人范围为：“（ⅰ）与被切除器官的人有血亲关系；或（ⅱ）于器官移植时，为被切除器官的人的配偶，而有关婚姻已持续不少于3年……器官捐献人——（ⅰ）年龄已达18岁；或（ⅱ）年龄已达16岁，并且已婚”，明确准许非血亲之间的活体器官捐献。针对器官供体的捐赠撤销权，规定医生已向器官捐赠人及器官受赠人解释了“其本人可随时撤回同意的权利”是器官移植得以进行的前提。该条例严格禁止人体器官的商业化买卖，规定出卖或购买人体器官、谋求寻觅意图出卖或

① 刘长秋：《两岸器官捐献移植立法比较研究》，载《台湾法研究学刊》2004年第4期，第37-41页。

购买人体器官、提出或商议任何有关人体器官买卖的安排、参与管理或控制其业务含有提出或商议购买或出售器官活动之团体、发布或分发人体器官买卖的广告、实施存在或可能存在器官交易的器官摘取或植入以及非法进出口人体器官的行为均构成犯罪，任何人犯这些罪行，如属首次定罪，可处第5级罚款及监禁3个月，其后各次定罪，均可处第6级罚款及监禁1年。

（三）我国澳门地区相关立法经验

澳门地区于1996年5月23日颁布与器官移植相关的地区性法律法规《规范人体器官及组织之捐赠、摘取及移植》，虽然起步晚于香港地区，但与其相比，澳门地区器官移植立法体系性更加显著，立法目的及内容更为完善，规定也更加严格。

澳门地区的器官移植相关法案，是以澳门立法会第2/96/M号法律为主体，由众多相关法律法规共同构成的法律体系。其中第2/96/M号法律即《规范人体器官及组织之捐赠、摘取及移植》；第4/96/M号法律主要规定因尸体解剖而产生的人体器官捐赠、摘取、移植的问题。1999年2月19日，澳门地区第7/99/M号法令颁布，这是专门针对以治疗、诊断或移植为目的的器官或组织捐赠及摘取的法律制度。在该法令中，明确必须设立生命科学道德委员会，且详细规定该委员会的成员组成、权限范围及资金来源等；第12/98/M号法令主要要求进行捐赠记录，此外还有第111/99/M号法令等。在这些法律法规中，第2/96/M号法律是该体系的“基本法”，其他法律法规都是对该法律的补充。

作为较为成熟的法律体系之一，澳门地区的器官移植法有其独特之处。例如，在第2/96/M号法律中，对于所规范的移植器官类型是通过排除法界定的，即将抽血及输血、卵子及精子捐赠、受孕物及胚胎的摘取、转移和处理排除在相关器官移植法的适用范围之外，而由此反推之，不在以上范围内的器官移植均受到器官移植法的约束。又如，在第2/96/M号法律中规定，在有关行为实行之前，捐赠人或其法定代理人作出之同意可在任何时候以任何明确方式自由废止。另外，澳门地区器官移植法对活体器官捐献的限定较为宽松，对于可再生的器官或组织的捐献范围并没有明确的限制，而对于不可再生的器官或组织的捐献则规定捐献者不得为未成年人或无行为能力人，同时规定通过法院许可，特殊情况下可不受此限制。而针对因精神失常而无行为能力的成年人，经法院许可且其本人不反对的条件下，也可以捐献器官或组织。由此可见，在澳门地区的器官捐献中，法院在确定活体器官捐献人资格方面起着重要作用。

澳门地区的器官移植法针对捐赠人在器官捐献过程中可能招致的伤害设立了供体伤害特殊保障制度。澳门第2/96/M号法律中规定："捐赠人有权获得医疗直至完全康复。捐赠人亦有权就因摘取而造成之损害获得赔偿，不论其本人或第三人有无过错。"其对捐赠人一方合法权益的保障力度可见一斑，这也极大地激励了公民捐献器官的信心，解决了捐献者的后顾之忧。同时，为了维护医疗机构方的合法权益，该法案中还允许医院将有关责任转移给保险实体，共同分担医院由于器官移植而负担的风险，降低器官移植技术对临床应用带来不利影响的可能。

而针对与器官移植相关的犯罪行为，澳门地区器官移植法律是明令禁止的，依据第2/96/M号法律第十七条："凡在本地区购买或出售他人身体器官或组织，或因取得或交付他人身体器官或组织而以任何方式支付或收取任何金额者，处至三年徒刑。"

澳门地区的器官移植法相较内地及香港地区立法，最显著的差别在于对异种移植的规定。依据第 2/96/M 号法律第一条，澳门地区的器官移植法经必要配合后，可以适用于异种移植。而内地《人体器官移植技术临床应用管理暂行规定》中对开展异种器官移植问题，规定“应当按照临床科研项目的有关规定取得批准后方可实施”，而香港地区的《人体器官移植条例》则对异种移植问题避而不谈。

（四）我国台湾地区的相关规定

1987 年 6 月 19 日，我国台湾地区颁布了规范器官移植活动的“人体器官移植条例”，并先后通过了“脑死亡判定准则”“人体器官组织细胞输入输出管理办法”“人体器官移植条例施行细则”等一系列器官移植专项或辅助规范，通过“刑法”和“人口贩运防制法”等规定有关人体器官捐献与移植的法律责任。台湾地区器官移植的相关规范体现出全面性、包容性的特点。

台湾地区的“人体器官移植条例”中的人体器官范围更加广泛，包括骨髓、角膜、肾脏、肝脏、胰脏、肠、心脏、肺等组织及器官，甚至将骨骼、肢体等涵盖在内，并对此采取了列举式规定，对于未包含在内的器官，经卫生主管机关依实际需要指定，同样可列入规范的类目范围之内。对于器官捐献人的范围，“人体器官移植条例”将活体捐献人范围限制为成年人，且规定需为三等亲以内的血亲或配偶，直到 2003 年，出于供体器官来源不足、扩大器官来源的需要，扩大为五等亲以内的血亲或配偶的成年人。台湾地区还对试验性的器官移植行为进行明确规范，指出器官移植手术属于人体试验部分的，应依“医疗法”有关规定实施。

台湾地区的相关规范，存在其自身特点。例如，对于死亡的判定标准，台湾地区认可脑死亡为死亡判定标准，对于那些可以接受脑死亡并自愿捐献器官的供体及其家属而言，在供体脑死亡后，医师有权从其体内取得器官用于移植；而对于那些自愿捐献器官但在观念上不接受脑死亡的供体及其家属，医师应依据其意愿按照临床学心肺死亡标准进行死亡判定和器官摘取。这使得捐献人在死亡标准上具有自主选择权，相对于接受脑死亡而排斥心肺死亡或坚持心肺死亡而拒绝脑死亡的单一化标准，显然更加灵活。

又如，相关规范没有赋予器官捐赠者撤销捐赠的权利，即一旦捐赠者与受赠人签订器官捐赠协议，则必须依法捐献其器官，这体现了对器官移植受体利益和受体对器官需求的重点保障。台湾地区对于受体生命利益的偏重及保护显然是出于对效率及器官资源的维护。

对于买卖人体器官的行为，台湾地区则借助“人体器官移植条例”对该行为的法律责任进行了明确规定。与此同时，台湾地区“人口贩运防制法”中，还专门对买卖人体器官罪及其责任予以规定，以“防止人体器官交易及相关的犯罪行为”。除上述被明确规定的人体器官交易行为外，其他可能存在及潜在的危害如“发布人体器官买卖讯息”“摘取他人器官用以营利”等行为并没有被明文规制，这便给某些蓄意钻空子的人提供了可乘之机。

从上述器官移植相关立法的发展及经验来看，我国作为世界卫生组织的成员国，开展器官移植的相关立法工作十分有必要，这不仅是我国完善法律体系的要求，也是我国应当承担的国际义务。世界各国和地区对器官移植所涉及的刑事责任、民事侵权责任、医疗实践及政府管理等方面的问题所进行的研究及相应的器官移植立法，都为我国在器官捐献及移植领域的立法提供了宝贵的可借鉴经验。

如何看待并规范人体器官的捐献与移植中法律与道德的分界，有哪些不可逾越的界限，立法过程中应遵循哪些原则，需要如何操作，均可以借鉴世界各国和地区已有的立法经验作为参考，在此基础上根据我国现阶段国情有所取舍。从另一层面来说，在我国，这一领域的法律探讨已经不仅仅是技术上的问题，更是需要反映特定民族文化传统、当今文明发展水平、国家法治程度、相关法律观念和制度保障的重要问题。如何与保证器官移植当事人的基本权利联系起来，同时在发展医疗科技、保障人类尊严、尊重文化传统完整性三者之间求得平衡，是我国相关立法的重点考量之处。

第二章　器官移植中供体的权利保护

第一节　活体器官移植供体的权利保护

人体器官移植是将一人之器官移植到另一人身上，无论是供体还是受体，都是自然人。“人之为人，不仅在于享有自然人的一部分权利资格，而且在于享有自然人的全部权利资格。”[①]器官捐献行为本身就是一种供体作为捐献主体行使其身体权的体现，在法律范围内，捐献主体享有对自己身体的部分器官或组织进行处分的权利，而同时身体作为生命和人格的载体，这种支配权又并非绝对，因此需要法律对权利进行限制，使权利人不能随意滥用这种处分自己器官的支配权。在人体器官移植的过程中，所涉及的生命健康权、隐私权、人格尊严利益、知情权、医疗保障权、社会优抚权、损害赔偿请求权等供体权利是多层次的。

---

① 刘国涛:《人的民法地位》，中国法制出版社2005年版，第33页。

一、生命健康权

生命健康权是公民对己身所享有的生命安全、身体健康、生理机能完整的人身权利，其中包括生命权、身体权和健康权。而器官移植作为关乎供受体双方生命与健康的现代化生命科学技术，其实施过程的风险性及所牵涉器官的来源决定了其与供体方的生命健康权息息相关。

器官移植技术的目的明确，为的是维持健康和延续生命。但由于手术本身势必对供体身体造成侵害，使供体的身体失去真正意义上的完整性，器官移植手术实施本身便已然对供体生命健康权及其身体完整性造成侵害。除此之外，器官移植对供体生命健康权可能造成的侵害还包括如下情形：（1）由于医方过失，造成对于供体健康状况、身体条件、捐献资质等客观因素的判断偏差，在摘取供体器官的过程中直接造成供体重伤或死亡的。（2）由于医方操作过失或流程失当，在从供体身上摘取器官过程中发生失误，直接或间接地对供体生命及健康造成损害。（3）在摘取供体器官过程中造成连带器官或伤口被污染，对供体健康权造成侵害；若所感染病原体具有传染性，则将进一步威胁到供体及其接触人群的生命健康权。（4）在缺乏可供移植的适合器官条件下，利用偷、骗等手段获取他人器官或强制摘取无行为能力人或不完全行为能力人（如精神病人、植物人）的器官用于移植时造成供体重伤或死亡。（5）医方为获得不当利益，驱使不法分子通过人口拐卖等方式强制摘取他人器官，造成供体伤害或死亡。尽管该情况从医方角度属间接侵害生命健康权，但因其由器官移植而起，受害人是器官移植中的实际供体，这种情况也被列入侵害供体生命健康权的情形中。[①]

从法理上，任何人都享有生命健康权以维持自己生存的权利。在自愿捐献器官的前提下，供体作为移植器官的提供者，其生命健康应当受到法律的保护及重视。从事器官摘取或移植的医疗机构有对病患救治的义务，不能任由器官供体放弃治疗和结束生命，即使其家属默认放弃治疗，医疗机构也应当履行最基本的救治义务。从长远看，这不仅在社会伦理和道德层面上为器官移植提供了正当基础，也有利于我国器官移植事业的良性发展。

二、知情同意权

知情权是自然人、法人和其他组织享有的依法或在法律允许的限度内知悉、获取有关信息的自由和权利，知情权属于基本人权范畴，有关知情权的宪法依据一般是从规定言论、出版自由的法律条文中引申出来的。[②]作为一种宪法性权利，知情权的产生是政治民主化和大众民主权利发展的一种必然要求和结果，而随着其作为一项基本人权的发展与演变，知情权已经突破传统的公法领域而进入私法领域。在器官移植过程中，对于供体而言，知情同意权保护的是其在器官移植过程中的自主权和自我决定权，提供的是一种人格权保护，着眼于保护不受干扰和外在影响的人的自由意志，尊重自然人自主地处理与其利益相关的事务的能力。在对器官进行处分时，要充分保护供体的知情同意权。

---

① 刘长秋：《论瑕疵器官移植的损害赔偿责任》，载《北方法学》2013 年第 2 期，第 39-44 页。

② 张新宝：《中国侵权行为法》，中国社会科学出版社 1998 年版，第 39 页。

在人体器官移植过程中，由于器官移植手术的开展，供体、受体和医疗机构间会存在一定的利害关系，这种利害关系在法律上表现为权利义务关系，而供体所享有的知情权便主要体现为对此利害关系相关信息以及对受体、医疗机构相关事项所享有的知情权。

供体的知情同意权包括如下两方面：（1）供体享有对于其身体状况及疾病状况认知的权利，供体有权要求医生提供全部的诊断、治疗、护理、预后信息；（2）供体享有自主选择权，有权在完全认知的基础上自由选择是否同意医务人员提出的建议和治疗方案。

对于供体而言，医疗机构应履行如实告知的义务。在摘取活体器官捐赠者器官并实施移植前，医疗机构除了需要确认供体为自愿同意捐赠外（对于具备自我意识的供体），还应将手术存在的风险、术后注意事项、可能产生的并发症及预防措施等告知供体及其家属，由其签署知情同意书，以保证不影响供体对器官捐献行为的自我判断。在医疗机构充分严格履行告知义务的基础之上，供体方可行使其权利。

三、撤销权

按照我国传统民法的观点，“人之身体为人格所附，不属于物，对于活人的身体及其一部，不能成立物权”①，这一民法观点为任何人不得排他性地支配他人的身体和器官提供了法律依据。而随着人体器官移植技术的发展，器官绝对非物的观念受到挑战，“人体器官权”这一概念便是在现代生物医学高度发展情况下的产物。与活体脱离的器官不再属于身体的组成部分，也失去其维护身体完整性的作用，

① 梁慧星、陈华彬：《物权法》，法律出版社1997年版，第28页。

无论损伤或保护该器官都不会对身体造成额外影响，此时器官的物之属性已超出其人格属性。日本民法通说认为，与生存中的人身不同，已经分离出来的人身组成部分构成物权法上的“物”，其所有权归属于第一次分离前所属的人，故对该身体部分的让渡以及其他处分是可能的，这为器官移植的可行性提供了基础的法律依据。

将与活体脱离的器官划归为物权客体之一种，并不意味着将人体器官视为一般的交易物，即使通过器官移植手术或其他途径将之与人体剥离，也不妨碍供体人格属性附着于器官之上。因此，即使移植用器官自供体身上摘除，只要器官尚未完成移植，供体依旧享有对该器官的人身权，若捐献人在器官分离后依旧希望行使自己的人身权，法律仍需要保护其人身的完整权，甚至对于失去生命体征的尸体，依旧需要保护主体的人身权。然而，以器官成功被移植到受体体内这一节点为界，在此之后如果供体依旧对器官主张权利，其主张将会同时损及受体的人身权。因此，在这一节点之后，应由受体享有该器官的人身权。

若要在器官移植中行使器官权利，以合同的形式对器官移植的捐献方、受移植方、医方进行约束，无疑是对器官权利的有力保障，更是撤销权行使的法律依据，有利于促进器官移植法制化在我国的实现。在我国，器官捐献需要签署人体器官捐献自愿书，这其实就是通过合同行为实现器官权利的最直接保障。

传统观点认为：“器官捐献行为是单方民事法律行为，即只需根据当事人一方的意思表示就可以成立的民事法律行为。”[①] 也就是说，

① 彭志刚，许晓娟：《器官移植受益人的权利保护及其限制》，载《法商研究》2007年第3期，第73-78页。

只要供体作出捐献身体器官的意思表示，无须受益人同意，捐献行为即可成立。《人体器官移植条例》第八条规定，公民捐献其人体器官应当有书面形式的捐献意愿，对已经表示捐献其人体器官的意愿，有权予以撤销。也就是说，对于双方在合同中约定的内容，供体可以随时撤销。若参照《中华人民共和国合同法》中有关赠与合同的规定对器官捐献中的权利义务关系进行解释，则《中华人民共和国合同法》第一百八十六条第一款规定："赠与人在赠与财产的权利转移之前可以撤销赠与。"赠与人在财产转移前的任何时间，都可以单方面撤销赠与，而不必征得受赠人的同意，因此也称这种权利为任意撤销权。据此，可以认为器官捐献者在器官捐出前享有对捐献承诺的任意撤销权。虽然参照赠与合同的契约理论来解释器官捐献问题并不意味着《中华人民共和国合同法》中有关赠与合同的具体条款适用于器官捐献中的法律关系，但是这依然可为供体在器官移植过程中所享有的撤销权提供、论证基础。

而且，多数学者认为供体所具备的撤销权属于任意撤销权，也是出于鼓励人们积极进行捐献行为的考虑。由于捐献行为本身是一种无偿而高尚的行为，若供体在拟捐献过程中考虑到由于捐献行为而可能使自己游离在法律保护之外，捐献人可能会基于本能拒绝捐献，使本来就处于器官来源匮乏状态的器官捐献事业雪上加霜。活体器官捐献应在器官摘取并植入受体体内成为受体身体的一部分时才可以生效，因此在器官摘取之后至植入受体之前，供体对其器官享有返还请求权，法律必须充分尊重捐献人的意愿，保留其在所捐献身体器官植入他人体内之前随时变更和撤销捐献的权利。只有当器官植入受体体内成为受体身体的一部分之后，该器官成为受体维持生命必不可少的组成部分，供体对于该器官完成了现实的占有移转，为保护受体的生命健康，器官捐献人不享有撤销权。[①]

然而，在供体行使其任意撤销权的过程中也会产生某些问题。最常见的问题表现为：供体在表示捐献意思后，受体基于这一意思进行了大量器官移植的必要准备，此时供体若变更或撤销捐献，则将对受体造成重大的精神及经济损失。如何在保障供体撤销权的同时保护受益人的利益，器官捐献行为是否能随意在任何时刻撤销，撤销行为给受益人造成的损失应否赔偿和如何赔偿，这些已成为赋予供体任意撤销权讨论中的重要问题。[②]

对于供体在撤销其捐献决定时是否要承担责任，有两种不同的观点。一种观点认为，供体在撤销其捐献决定时应当承担一定的责任，而不能完全不顾后果地作出决定。这种观点的依据在于将捐献行为定义为赠与行为的一种，根据《中华人民共和国合同法》第一百八十六条和第一百八十八条的规定，具有社会公益性质的赠与合同或经过公证的赠与合同不得撤销，赠与人不履行交付义务，受赠人可以要求交付。比照适用，即认为供体对自己身体权的行使不能损害他人的利益，或不能选择有害于他人的方式来行使。若权利人在多种行使权利的方式中选择有害于受体的方式，使受体遭受治疗时机延误、经济损失，甚至生命的损害，则必须为之承担相应的责任。

另一种观点则偏重于尊重捐献者的意愿，即认为供体对其任何反悔行为都不负赔偿责任。这种观点的依据主要是基于器官这一对

① 孙道锐：《论器官捐献人的撤回权》，载《西南石油大学学报（社会科学版）》2014 年第 4 期，第 62-66 页。

② 李锡鹤：《论民法撤销权》，载《华东政法大学学报》2009 年第 2 期，第 28 页。

象的特殊属性。首先，器官捐献行为不同于普通赠与行为所赠与的所谓“身外之物”，其所提供的乃是“身内之物”，因此，器官的捐献比普通财物的赠与会给供体带来更大的损害，在这种情况下，人身权理应优先于财产权，两者之间不具可比性。同时，在有偿器官捐献被严格限制的当下，捐献行为是无偿的高尚行为，属于伦理道德的范畴，原则上任何情况下不应该强制器官供体作为捐献人对器官进行交付。如果只是因为不履行捐献合约这一基于自愿而无偿的行为使供体的人身遭受伤害于情不合，于法也不能将信赖利益损失用在此处。其次，从政策及现阶段的器官捐献现状考虑，为鼓励捐献，更好地贯彻自愿原则，切实保护供体的身体权不被侵害，不宜通过撤销权的剥夺向捐献人施加过多的压力。[①] 因而，从维护此种基本人格权的角度考虑，应当允许捐献者无条件地撤销捐献行为。

笔者认为，第一种观点具有其合理性，保障供体对其器官捐献可行使撤销权，并不意味着行使此权利就无须承担任何责任。[②] 因此，在赋予供体撤销权的同时，还需要对其行使撤销权予以一定的限制，主要依靠由法律规定捐献行为可以撤销的条件和时机来保护受益人的权利。

《人体器官移植条例》第八条的规定虽然赋予了供体撤销权，但是此规定没有对供体行使撤销权的时间加以限制。因此，有学者认

---

① 钟会亮：《关于活体器官供者的伦理思考》，载《中国组织工程研究》2012 年第 5 期，第 927-930 页。

② 林小波、魏亮瑜：《器官捐献者于捐出前撤销捐献的法律问题探讨》，载《中华医院管理杂志》2013 年第 9 期，第 669-671 页。

为，在器官捐献合同中，撤销赠与必须发生在施行器官摘取手术之前，手术后提出撤销赠与或返还器官的，应不予支持，否则就会造成对受体身体权的侵害。[①]

一旦对供体行使撤销权明确规定时间限制，受体的权益便得到了一定程度的保护。而对于行使撤销权时间节点的具体限制，涉及脱离供体的器官权利归属的问题。在器官脱离供体之后至植入受体之前的一段时间，器官的所有权依然应归属于供体，供体可以决定是否撤销赠与。而在器官植入受体之后，再剥离器官将对受体的身体权造成侵害，因此此时供体不再具有撤销权。基于此，若受体在器官植入前提出对移植的拒绝，则器官的归属权也将毫无疑义地属于供体，供体可以要求受体承担违约责任或者由此产生的对其身体权的侵权损害赔偿责任。

总而言之，供体和受体在器官捐献与受捐过程中具有各自的权利义务，双方均要受此约束。供体在限制时间内对器官享有绝对的撤销权利，而受体在尊重供体权利及履行支付相应费用义务的前提下也具有获得或拒绝供体器官的权利。

四、优先权

器官来源的供需矛盾日益尖锐，这一问题导致我国乃至全世界均产生了一些不公正及暗箱操作的现象。一方面器官买卖现象时有

① 彭志刚、许晓娟：《器官移植受益人的权利保护及其限制》，载《法商研究》2007年第3期，第74页。

发生，甚至已形成交易黑市；另一方面某些患者利用自身的权势、金钱及地位，“插队”来获取供体器官，以“优先”享受器官移植。求生是人类的本能，在面对器官衰竭及死亡威胁之际，人人都受本能驱使希望抓住最后一根救命稻草，而金钱、地位、名望便成为某些人“优先”的砝码。然而，在法律范畴内，生命没有优劣轻重之分，在生命权的问题上，法律对待个体不存在差异。更何况，器官作为一种特殊的“资源”，其分配原则更涉及医学适应症、社会伦理道德、医疗管理体制等诸多问题。

首先，器官移植不是“万灵药”，从医学角度来说，器官移植现阶段尚无法成为一个普适的救命法宝，而有着严格的适应症。以肝移植手术为例，国际上早就公认肝癌肿瘤过大及过多或门静脉已产生癌栓的中晚期肝癌患者，由于移植手术后抗排异药物的使用将为肿瘤的复发创造条件，乃移植手术的禁忌人群。[①]

其次，我国活体器官移植是以亲属关系为前提的，即基于人们由婚姻、血缘和法律拟制而形成的社会关系，该前提并非基于法律思维而制定，而是因为器官移植确实对于供体及受体之间器官的适配度要求非常高。“来自世界权威机构的统计数据显示，目前全球每年移植物丢失（即指移植物慢性失功或带功能死亡）的发生率约为每 4 万例中丢失 11000 例，即每天丢失 30 个移植脏器，而专家估计我国远远高于这一比例。”[②]

因而，原则上器官移植在我国不享有“优先”，从医疗效果及医

① 李磊、张同琳等：《存在门静脉血栓及癌栓的肝癌患者的肝移植》，载《中华器官移植杂志》2005 年第 3 期，第 136–138 页。

② 许秀华：《器官资源分配如何公正　生命权能优先？》，人民网，http：//scitech.people.com.cn/GB/25509/37822/37823/3610615.html，访问时间为 2016 年 2 月 7 日。

学研究上也并不支持这种所谓的“优先”。但在讨论供体所提供的移植器官时，依然有对“优先权”的考虑。“如果有患者本人或其近亲属已经捐献过人体器官的，则在接受人体器官移植时享有优先权。”①这种制度叫“器官信贷制度”，即所谓的合理补偿。合理补偿指的是在供体实施捐献器官行为之后，以物质奖励或精神奖励作为对其行为的认可和激励。供体理应为捐献过程中所付出的费用成本、时间成本以及给未来生活可能带来的不便、不适甚至风险而获得一定的补偿。补偿的意义，主要是为了体现整个社会对器官捐献这一行为的认可，这种补偿与单纯追求利润的器官买卖是截然不同的。②

这种“器官信贷制度”与目前全世界普遍反对的“人体器官的商业化”形成了鲜明的对比，从伦埋学角度，其目的是给了捐献者合理的补偿。在一些欧美国家，已经通过部分法案，允许将一些物质激励措施作为对活体器官捐献者的补偿，其中除了纳税上的减免、进行器官移植手术过程中差旅费及住宿费的优惠之外，还包括“器官信贷制度”。这种制度的实施有助于减轻活体器官捐献者的部分经济负担，有利于缓解紧张的器官供求关系。

我国《人体器官移植条例》第十条规定，“活体器官的接受人限于活体器官捐献人的配偶、直系血亲或者三代以内旁系血亲，或者有证据证明与活体器官捐献人存在因帮扶等形成亲情关系的人员”，这一规定严格限制了活体器官捐献受体的范围。医疗实践中，2007年12月，来自湖南的两名尿毒症患者急需进行肾脏移植手术来挽救

---

① 申卫星、王琦：《论人体器官捐献与移植的立法原则》，载《比较法研究》2005年第4期，第25-27页。

② 赵金萍、陈晓阳、曹永福等：《论人体肾脏捐献中的合理补偿原则》，载《医学与哲学（人文社会医学版）》2006年第2期，第52-54页。

生命，各自家庭的所有亲人均未能与患者配型成功，但两个家庭中各自肾源提供者恰恰能与对方匹配，只要彼此交换，双方就都能得到最好的手术效果。然而，广州医学院附属第二医院的伦理委员会以8∶1的表决结果否定了“交叉换肾”的请求……但是，2008年1月，海南省农垦总局医院在基于相同事实的基础上作出了截然相反的认定，认为双方家庭已经形成了“因帮扶等形成的亲情关系”，使这场引起社会广泛关注的肾移植手术最终完成。①

然而，检查人员在人体器官移植“飞行检查”工作中发现，人体器官买卖现象中的买卖双方的关系大多为伪造的“因帮扶等形成的亲情关系”。为了不给不法分子留有可乘之机，2009年12月卫生部印发了《关于规范活体器官移植的若干规定》，对活体器官移植供受体关系进行了限制。

如果从结果上看，交叉移植是一种将器官供体资源利用率显著提高的器官管理系统，但同时其存在着潜在的“强迫性”，交叉移植的可操作性和正当性是我国立法是否将其采纳的关键。现有规范并没有具体涉及“交叉移植”这一立法领域，这也给具体操作留下诸多灰色地带，一旦相关案例发生，将不可避免地产生争议与分歧。所谓“交叉移植”，是指两个或两个以上的患者家庭成员互以对方家庭成员提供活体人体器官捐献为条件，并由医疗机构实施活体器官移植手术的活动。② 开展这种移植的根本目的在于解决各自亲属间配型不符的问题。可以说，家庭之间“肾源交换”是国际上近年来常

① 李娜玲：《关于非亲属间活体器官“交叉移植”的法律思考》，载《河北法学》2011年第5期，第26–30页。

② 李娜玲：《关于非亲属间活体器官“交叉移植”的法律思考》，载《河北法学》2011年第5期，第26–30页。

见的一种做法，在我国也已有先例。

对于“交叉移植”，世界各国的立法态度主要有以下几种类型。

一是绝对禁止非亲属间的活体器官捐献，当然也禁止“交叉移植”。在器官捐献中，几乎所有国家都认可的一项原则是“器官移植需在无压力条件下进行”，即作出器官移植的选择，须是自愿及不受其他条件施压的干扰。有些国家的立法认为，亲属的活体器官捐献不可能在毫无压力的情形下作出，多数亲属都是基于道德以及亲情的考虑而捐献。为避免法律的尴尬以及防止人体器官的捐献成为一种亲属间的法定义务，有些国家的立法强调，活体器官的供体与受体仅限于有血缘关系的亲属。[①]

二是原则上禁止非亲属间的活体器官捐献，但以“交叉移植”为例外。英国1989年颁布的《人体器官移植法案》将除了供体、受体之间存在遗传关系之外的一切自活体上摘取器官或组织的行为定义为犯罪行为。[②] 可见在该法案下，活体器官移植只能发生在亲属之间。但是，在该法案下又产生了一个机构——非遗传性器官移植管理局，它被赋予对符合某些条件则可以在无遗传关系的人之间进行器官移植的准许权，为“交叉移植”提供了法律上的可能性，现实中英国已经允许并实施此类手术。

三是法律不对“交叉移植”进行讨论或明文禁止。有很多国家并没有通过立法对“交叉移植”进行明文限制，甚至个别国家还通过立法积极促进这种做法。例如，荷兰通过国家层面主持并参与器

① 李娜玲、葛欣：《关于器官“交叉移植”现象的法律解读》，载《医学与哲学（人文社会医学版）》2009年第11期，第43-45页。

② 申卫星，王琦：《论人体器官捐献与移植的立法原则》，载《比较法研究》2005年第4期，第34-47页。

官移植资料库的建立，借此为不同家庭的器官移植受体提供相关咨询，美国部分州也通过立法由州政府负责建立相关资料库，推动“交叉移植”在不同家庭之间的实现。

以上三种立法模式难以优劣高下来评价，每种立法模式都是基于维护人类生命、健康、人格尊严考虑，在伦理矛盾中进行两难选择的结果。对立法者与社会民众而言，切实符合本土文化与法律传统的“交叉移植”立法才是最好的选择。笔者认为，第二种立法模式更适应我国的国情及传统，既能避免放开“交叉移植”给器官非法买卖提供可乘之机这一现象的出现，又能最大限度地满足器官衰竭患者的实际需求，使器官资源得到最有效的利用。

第二节　遗体器官移植供体的权利保护

对遗体器官进行解剖移植手术，有其时限及对象的特殊性。从时限上来说，对于遗体器官的解剖移植必须在人死后一定时限之内（通常为 6 小时左右，根据具体器官的不同以及对遗体保存方式的不同，该时限有所区别）进行，若超过时限，器官将失去活性，无法用于移植。其对象的特殊性则在于对死者器官移植意愿的判断与对“死亡”这一医学定义的法律判断。由于用于移植的皮肤、骨骼、脑组织等均需从遗体上及时摘取，而此时供体已丧失自主意识，因此对于遗体器官移植的供体权利保护和相关立法就尤为重要。

法律对于供体生前生命权益的保护，主要体现在对其“自愿捐献”这一自主决定权的保护。根据有关法律规定，其应享有对包括器官移植的后果等在内的必要信息与资料的知情权，且法律禁止违背死者意愿强迫捐献器官或故意隐瞒重要事实而诱骗他人捐献器官的行为。当然，在人体器官移植供体为遗体的情况下，其在器官移植中权利表现有所不同，在供体权利保护体系构建中亦应有所区别。遗体器官捐献的意思表示在捐献人去世后才生效，在器官捐献人生前，任何机构或个人无权以任何理由摘取其活体器官，只有在捐献人去世后才可根据生效的捐献意愿摘取其器官；而对于遗体器官的捐献，不管是基于死者生前的明示同意还是基于推定同意而由家属作出的捐献决定，决定一旦作出，就应该具有法律上的效力，不得随意更改。

一、捐献模式

在我国，公民去世之后完整的器官捐献流程，按照捐献过程和主要内容，共分为报名登记、捐献评估、捐献确认、器官获取、器官分配、遗体处理、缅怀纪念、人道救助8个重要环节。[①] 根据不同的捐献模式，对于尸体的器官捐赠依据不同条件进行细分和实施。

（一）明示同意（登记入册）

对尸体器官进行采集，就必须要了解死者的意愿以及真实意图。这不仅符合器官移植中的伦理要求，也符合我国《人体器官移植条例》中规定的尸体器官捐献须满足的条件。在我国，根据器官捐献

① 《中国公民逝世后器官捐献工作流程》，来源：中国红十字会总会、原卫生部《关于进一步推进人体器官捐献工作的意见》（中红字〔2012〕39号）。

工作流程，能够合法获取死者器官的首要方式是“自愿捐献原则”，即供体生前明确表示捐献器官愿望并合法予以登记入册的情况，符合所谓“明示同意”的条件。

对于生前明确表示过捐献意愿的供体，其通常已实施捐献登记并已入册，借此明示自己同意死后捐献遗体。供体填写《中国人体器官捐献自愿书》，在征得配偶、父母及成年子女等近亲属同意的前提下，通过书面的形式，向人体器官捐献办公室表达器官捐献意愿。人体器官捐献办公室会将相关资料录入中国人体器官捐献登记管理系统，并有责任为器官捐献者保密。

当登记入册的捐献者由于意外或疾病，达到潜在的捐献状态时，省级人体器官捐献办公室将派专职协调员和评估小组前往潜在捐献者所在医院开展工作，工作人员负责核实是否存在影响潜在捐献者捐献的法律、伦理等因素，向家属确认捐献的意向以及评估潜在捐献者是否有影响捐献的医学禁忌症及是否处于待捐献状态等。经评估符合器官捐献相关标准后，由捐献者配偶、父母及成年子女填写《中国人体器官捐献登记表》，确认对捐献者的器官进行捐献。在经医方确认捐献者已经死亡后，由器官捐献协调员将捐献者的相关信息报送至省级人体器官捐献办公室，由省级人体器官捐献办公室通知器官获取组织进行器官摘取，并由器官捐献协调员现场确认摘取过程只获取捐献者同意捐献的器官或组织。

在我国，对家庭贫困的捐献者家属还实施人道救助原则。由家属提出申请，省级人体器官捐献办公室核实后给予一定的困难救助，以彰显对于器官捐献的鼓励及扶助。而“明示同意”或“自愿捐献”这一原则本身也体现了对死者应有的尊重。

（二）推定同意（登记出册）

在我国，器官捐献若需要符合“明示同意”的要求，要经过如图 2-1 所示的流程。

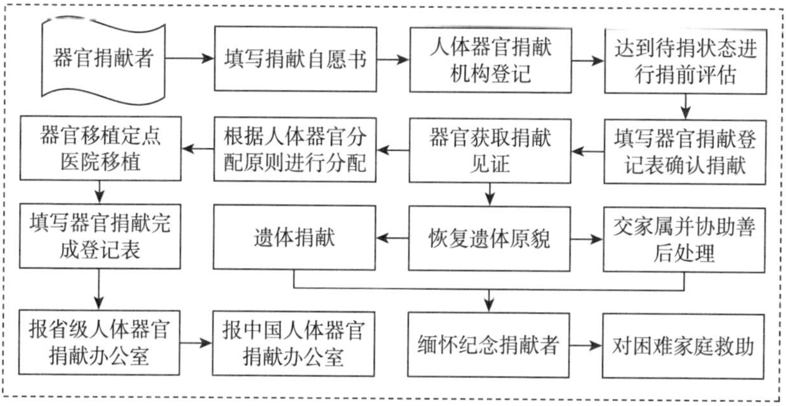

图 2-1　符合“明示同意”的器官捐献流程[①]

可以看出，在捐献者达到潜在捐献状态（即被确认死亡）之前，需要经过若干流程，在此阶段，有大量耗时的联络工作需要捐献者自行完成，这无疑在某种程度上降低了主动捐献者的数量。同时，由于器官捐献在我国的普及度和社会宣传度不足，多数符合捐献条件的潜在捐献者处于“不赞成也不反对”的状态，没有成为器官捐献人的意识，更无从谈起主动捐献的意愿了。因此，近年来，除了将“明示同意”作为捐献器官的最主要模式外，还有学者提出以“推定同意”判定符合捐献条件的模式。

① 《中国公民逝世后器官捐献工作流程》附图 2，来源：中国红十字会总会、原卫生部《关于进一步推进人体器官捐献工作的意见》（中红字〔2012〕39 号）。

“推定同意”是自刑法中演变而来的一种原则，其定义可以阐述为死者在生前没有明确表示反对，其近亲属在其生前死后也并未表示过反对，则可推定该死者同意在死后将其器官捐献出来，由法律允许的有资质的、依法成立的器官获取组织在其逝世后摘取可供移植的组织和器官的制度。而在我国刑法中，“推定同意”指的是，在行为实施之前或者在行为实施过程中并不存在被害人以明白无误的方式作出同意的意思表示，而是根据事实的具体情况推定被害人同意他人对自己的合法利益造成侵害。在医学上，不仅在器官移植中有“推定同意”的原则，在其他医疗范围内也经常出现。例如，由于交通事故而处于休克状态被送往医院的伤员，医生在紧急情况下为保住其生命，未经伤员本人同意为其截肢，这种情况就牵涉到刑法中的“推定同意”。

而在器官移植的民法领域，“推定同意”明显有别于“知情同意”，知情同意的前提是“捐献者充分的知情同意”，针对的是捐献者个人，而推定同意意味着只要你生前不反对，就“推定”你同意，捐献范围涉及社会的全体公民，其是要全体公民知情。[①] 同时，“推定同意”禁止家属代替捐献者做不捐献器官的决定，在家属没有拥有明确证据来证明逝者反对捐献的条件下，器官获取组织即可以在公民逝世后摘取用于移植的器官。[②]

在某些国家，“推定同意”模式已经通过立法被采用，如法国在

---

① 张少林、卜文：《推定同意的刑法意义探究——兼谈医疗手术行为中的紧急推定同意》，载《四川警察学院学报》2010 年第 2 期，第 8-14 页。

② 崔庚申、翟晓梅：《公民逝世后器官捐献的推定同意及其在中国的可行性》，载《中国医学伦理学》2014 年第 3 期，第 373-375 页。

1976年颁布的《器官移植法》中规定，任何人若在其生前没有发布明确地反对死后移植其器官的申明，均可作为供体实施器官移植。[①]新加坡在1987年通过的《人体器官移植法案》中规定："所有由于意外而丧生的新加坡公民以及长期在新加坡居住的年龄在21岁到60岁的公民，若其生前未明确表示拒绝捐献器官，都可视作自愿捐献者。"

在我国，"推定同意"模式目前未被采用，但由于该模式在国际上公认的提高器官捐献率、使器官被充分利用、减少浪费的作用，对于我国应否采用该模式也处于激烈讨论阶段。一部分学者赞同我国器官移植立法应普适地采取"自愿捐献"与"推定同意"相结合的原则；而持反对意见的学者认为"推定同意"过于注重社会利益而忽略个人权利，容易导致强迫，甚至质疑实行"推定同意"是否能增加器官的捐献率。"推定同意"模式在我国的采用还有很长的路要走。一方面，"推定同意"模式的实现须建立在国家对器官捐献的积极倡导和捐献意识在全民中高度普及的基础上；另一方面，还需要在立法上借鉴其他国家的经验。

（三）亲属推定

无论是"明示同意"还是"推定同意"原则，其立法依据在于遵从死者的意愿。《中华人民共和国民法通则》第四条规定了民事活动的自愿原则，它不仅适用于活体器官移植，也同样适用于尸体的器官移植。捐献人死后自愿捐献器官的意愿一般应当以书面的形式

---

① 申卫星、王琦：《论人体器官捐献与移植的立法原则》，载《比较法研究》2005年第4期，第34-47页。

作出。为了防止患者在临危状态下无法主动作出捐献器官的决定，可以采用“生前预嘱”的方式记载病人的捐献意愿，并在预嘱中指定一个或若干个代理人作为预嘱的执行人。而通过口头方式表示的同意，一般仅限于不便创立文件的特殊情况，该情况下需要至少两名其他人员在场作证，以此减少纠纷的发生，最大限度地保护捐献人的权益。

现阶段，我国器官捐献的相当一部分来源并非是官方机构登记入册的捐献人，而是“亲属推定”的情况，即对于潜在捐献者本人或拥有尸体合法权利者（包括死者本人及其近亲属），没有足够证据证明死者对器官移植表示过反对且死者的配偶或亲属不反对器官移植，则可作为移植的依据。在《人体器官移植条例》中规定了可适用尸体器官捐献的两种情况：其一是捐献者在生前曾明确表示自愿在死后将其器官捐出；其二是捐献者生前未明确表示拒绝捐献，由其近亲属在其死后同意将死者器官捐献。这一规定从立法上认可了“亲属推定”模式。

二、死亡标准及死亡判定程序

在尸体器官移植的成就条件判定中，最关键的便是对死亡的判定。2012 年，“在全国政协小组讨论会上，卫生部副部长黄洁夫表示，在卫生部和红十字会组织下，我国即将建立器官移植应对系统……包括受者管理系统、等待器官列表管理系统、捐献者管理系统和器官分配 / 匹配系统。该系统的公正性将由卫生部进行监管。另外，目前正在做器官捐献的网络，全国范围内的器官捐献和分配由红十字会主导，并为心跳死亡设了三个标准。训练一支由 160 多名专家组成的死亡鉴定队伍，进行死亡鉴定”。[1]

目前在医学上对于死亡的判定分为“临床死亡”和“脑死亡”两种。前者指的是病人停止呼吸且心脏停止跳动，从生命体征上判断，符合这一标准的病人就医学的观点而言确实已经死亡，但是根据统计，“临床死亡”的病人，在一分钟之内被救活的比例为97%，在两分钟之内被救活的比例为90%，这一概率随着“临床死亡”持续时间的增加而递减。即使在“临床死亡”体征出现的6分钟之内，病人仍有50%的机会被救活，因此“临床死亡”在较短时间内不能作为判断死亡的标准。而“脑死亡”的定义为：“原发于脑部严重外伤或脑的原发性疾病，致使脑的全部机能不可逆转地停止，最终导致人体死亡。”[2] 其判断指标包括“深度昏迷，对任何刺激均无反应；自主呼吸停止；脑干反射功能消失，如吞咽反射、瞳孔对光反射等；脑的全部功能已达不可逆转的损伤”。从医学角度上看，相比“临床死亡”标准，“脑死亡”标准更科学，将其应用在器官移植的死亡判定中更有利于挽救生命。

2001年3月，上海市第二军医大学附属长征医院接收了一名因意外事故身受重伤的外省来沪打工者，两天后经抢救无效被医生确诊为“脑死亡”。其家属得知脑死亡者已无法医救，便主动提出将其遗体无偿捐献，医院随即将死者的两个肾脏成功移植到两名尿毒症患者体内。这是我国首例脑死亡者捐献器官的移植手术。2015年2月25日，成都一名一岁男童不幸遭遇车祸，因伤重不治被诊断为脑

① 《卫生部副部长黄洁夫称器官移植条例年内完成修改》，中国网，http://news.china.com.cn/2012lianghui/2012-03/07/content_24832036.htm，访问时间为2016年5月14日。

② 吴崇其、达庆东：《卫生法学》，法律出版社1999年版，第495页。

死亡，其父母决定捐出他的角膜、肾脏、肝脏和心脏瓣膜，其肝脏在 24 小时内送抵重庆，用于对一名三岁零四个月的女童进行肝脏移植并且手术成功。

虽然在医学上，“脑死亡”已经被作为主要的判断死亡的标准，但是由于其与传统的死亡概念不同，并不符合我国民众普遍认同的“停止呼吸且心脏停止跳动”的“临床死亡”标准，因此在我国采用“脑死亡”的死亡判断标准从传统观念上存在障碍。“脑死亡”的判定标准对于器官捐献者的家属而言，也是伦理观念上的挑战。加之我国传统的伦理道德观念，稍有不慎便可能在现代社会并不融洽的医患关系之上再生枝节，这也是需要对死亡判定标准进行制定及立法的重要原因。

对于器官移植而言，影响移植成功的关键在于器官摘取的时机，根据医学实践，在器官供体脑死亡状态下被摘取的器官存活率最高，因为此时供体的呼吸及心跳仍未停止，使得移植成功率也随之提高；与之对应的，呼吸及心跳停止时间越长，器官成活率和移植成功率将骤降，当供体呼吸及心跳停止超过 2 小时，自供体所摘取的肝脏、肾脏、心脏等器官将不再具备移植条件。因此，在临床医学中，对于捐献器官的摘取必须在 2 小时内进行。然而，无论何种捐献模式，均必须在供体死亡并取得许可后才能进行，这便在医学判定与法律规范之间建立起联系。当法律对死亡标准进行确立之后，在此基础上还需要有严格的死亡判定流程和强有力的监管机制，对器官摘取的过程进行监督。

为了明确对死亡的判定标准和程序，各国相继颁布《脑死亡法》。目前，美、英、法、德、芬兰等国已经针对“脑死亡”制定了诊断标准和相关法律，而这一问题在我国则存在着极大的分歧，对“脑死亡”的判定尚无统一标准，也无相应的法律法规进行规范。因此，医师在作出“脑死亡”判定时十分慎重，医学界的不少专家也认为，我国当前没有整体接受“脑死即人死”的概念，没有制定《脑死亡法》，是造成供体器官来源严重不足的主要原因。现阶段我国对于尸体器官移植的法律研究也主要集中于“类似脑死者”的合法权益，而缺乏“脑死亡”判定的标准化。

以美国科罗拉多州的一起真实案件为例：一名男子举枪自尽，并被送至蒙特罗斯纪念医院，该院并未按规定为其进行“脑死亡”测试便将他送至圣玛丽医院，而圣玛丽医院在对他进行生命迹象测试后，无法证明其确实已达“脑死亡”标准。然而，该院依然对其按照已死亡程序进行了心脏、肝脏、胰脏以及肾脏器官的摘除。由于该男子生前签署过器官捐赠同意书，按照美国法律，其亲属应当同意捐赠者在只能依靠体外机械设备维持生命体征时捐出器官，但当蒙特罗斯郡的验尸官复检其死因报告时，发现该男子当时并未脑死，因此判断其状态不属于合法死亡。由此，这起事件也从器官捐献事件升级为凶杀案件，成为由于死亡判定程序不完整或疏于执行所造成的典型医疗及法律事件。

因此，死亡判定程序与死亡判定标准相辅相成，缺一不可。在制定判定程序的过程中，关键问题在于法律及医学在以下两方面需要达成共识：（1）器官供体的死亡判定需要遵循什么样的程序；（2）不遵从该程序的医疗机构及医生个体应负何种责任。

第一，器官供体死亡判定程序的内容。

程序的制定是用来控制权力的，因此它也是器官移植真正依法实施的保障，其在法律中的体现主要表现为按照一定的顺序及手续所作决定的逻辑关系。程序具有针对复杂状况判断是非且使多方达成共识的功能，因此制定程序的原则表现为两方面：一方面需要在伦理道德层面具有合理性，另一方面还需要具备科学性。在这两方面原则的指引下所订立的程序才能够在针对特定情况的观点存在分歧时起到解决问题的作用，防范和化解面对器官供体的生命状态、器官摘取的时机等问题时可能产生的争论。

为了确保对生命权的尊重及对供体生命状态的科学判定，对供体的死亡判定应包含以下制度设计。

1. 死亡判定、器官摘取及移植工作分轨制。参与死亡判断的医师、参与器官摘取工作及移植工作的团队间均不存在交集，以避免由于器官移植而造成的违背道德甚至法律底线的犯罪行为，避免纠纷，这也是已颁布死亡判定程序的大多数国家采用的基本制度。[①]

2. 死亡判定复诊制。在参与死亡判断的医生或团队宣布供体死亡后，需要由具备同等及以上资质的医生对死亡判定结果进行复核。有法律学者提出，参与死亡判定及复审的医生数均需大于等于两人。器官摘取工作的前提则必须建立在两组医生均对供体做出死亡判定之后。[②]

3. 死因调查责任制。对于供体的死因需要根据不同情况进行分类区别，对于死因无异常且家属无异议的供体，可根据程序对捐献者器官进行摘取；而对非正常原因死亡，如意外死亡、自杀、他杀等，需要具备资质的法医担负调查责任，在法医确认死因且许可摘除后，

---

① 参见德国《器官和组织捐献、摘取与移植法》第五条、菲律宾《器官捐献法》第八条。

② 张海燕：《从尊重生命权看人体器官移植相关法律问题》，载《山东大学学报（哲学社会科学版）》2008 年第 4 期，第 141-145 页。

方可进入器官捐献流程。[①] 在这一方面，国外已立法国家的法律亦有相关规定。而对于法医不能在规定时间（即器官成活率极限 2 小时）内予以判断或完成检验的，笔者认为，是否进入器官捐献流程还需分情况进行甄别讨论。例如，当法医确认的器官供体的死因有可能影响其器官的功能或质量时，须由死亡判定医生作出是否进行捐献的决定。

4. 程序文档化。在死亡判定程序过程中，需要以文档形式保存每一个节点的关键数据及内容。程序的文档要完整并以适当的形式进行保存，一旦遇到法律纠纷，则可以调取相关记录追究相应责任。[②] 这也是判断医疗机构及医生个体是否应当承担相应责任的关键证据。

第二，医疗机构或医生个体违反程序应承担的法律责任。

在整个器官移植过程中，医疗机构及参与器官移植的医生的技术水平是决定移植成败的核心，其所担负的责任也极为重大。

1. 医务人员在器官移植过程中获取不当利益的责任。

由于器官在我国属于稀缺医疗资源，其非法所得利润空间巨大。无论是医务人员自器官受体方取得不当利益，还是医务人员本身参与人体器官非法买卖行为，都将被追究行政责任甚至刑事责任。具体情况有：第一，供体已被判定死亡，但是在供体非自愿捐献器官、未签署任何器官捐献许可的条件下，医务人员擅自对其进行器官摘除；第二，以获取器官为目的，医务人员利用职务便利直接或间接造成器官供体的死亡。

---

① 参见西班牙第 2070/1999 号《皇家法令》第十条、新加坡《人体器官移植法案》第六条。

② 参见日本《脏器移植法》第十条。

2. 医务人员或医疗机构摘除器官程序不健全所产生的责任。

在我国，对于参与器官移植的医务人员的管理主要是以医院为单位并由医疗机构规范医务人员的行为，禁止医务人员在执业注册登记地点之外进行执业。因此，当因器官移植程序不健全而产生纠纷时，医疗机构同样需要承担相应的责任。

根据国外立法以及我国医疗纠纷中的一般情况，在死亡判定和器官摘取过程中因程序不健全而造成损害，医疗机构或医务人员所应承担的是民事责任和行政责任，原则上不承担刑事责任，只有在有足够证据证明医疗机构或医务人员存在故意或重大过失导致器官供体死亡时，才能追究其刑事责任。因此，大多数由于器官移植程序问题所产生的纠纷集中于民事纠纷。

在判定死亡及摘取器官的过程中，无论是因操作规程不完善还是因医疗机构、医务人员的过失而对器官供体的生命权、健康权和其他民事权益造成侵害的，都应承担相应的民事责任。同时，视侵害情节轻重，医疗机构及医务人员还有可能被给予警告、暂停执业活动或吊销执业证书等处分以承担相应的行政责任。[①]

此外，根据有关实践，对死亡判定和器官摘取的过程中违反法定程序两次以上的医疗机构和医务人员，参与人体器官买卖等犯罪行为且情节较重的医务人员，将处以暂扣甚至吊销执业许可证和执业证书的行政处罚。

① 参见《医疗纠纷预防和处理条例》，中华人民共和国国务院令第 701 号。

第三节　特殊供体的权利保护

一、未成年人

除供体为完全民事行为能力主体的情况外，在某些特定情况下，由于对供体器官条件的严格限制，某些器官潜在供体可能并不具备完全行为能力，对于这些“特殊供体”，更加需要对其权利进行特别保护。在这类人群中，未成年人作为器官供体无疑是最敏感的对象。

2011 年，国内一则消息震撼了社会各界，一位 17 岁的安徽高中生为了买苹果手机，受倒卖器官团伙蒙骗，在湖南郴州某医院被非法实施了活体肾脏移植手术。虽然最终法院依法对涉案人员作出刑事判决，并判令赔偿受害人 147 万元，但依旧无法弥补这一行为对受害人造成的永久性的器官缺失。这也让法学界再一次掀起关于未成年人是否能够作为供体捐献器官的争论。

在国际上，各个国家及地区的立法大多出于未成年人的身体和心智尚未成熟的考虑，不允许未成年人捐献活体器官，或是对未成年人活体器官捐献的条件作出极其严格的限制，力求最大限度地保障未成年人的生命健康权。[①]

由于这一敏感话题存在复杂的伦理问题以及法律盲区，未成年人作为活体器官供体的案例相对少见，医务人员在选择活体器官供

① 郜立军：《未成年人器官捐赠研究》，载《青少年犯罪问题》2013 年第 5 期，第 60-66 页。

体时一般也不优先考虑未成年人作为器官捐献者。未成年人作为器官供体的最早司法判决始于 1957 年美国马萨诸塞州最高法院对于马斯登诉哈里森案（Masden v. Harrison）的判决。[①] 在 1982–1992 年间，欧洲相关案例只有 7 个。世界卫生组织决议通过的人体器官移植指导原则明确禁止未成年人捐献活体器官，同时也规定了对该原则的例外，即在特殊条件下允许未成年人进行再生组织的捐赠，大多数国家的相关立法均遵循该原则，对未成年人的器官捐赠实施严格控制及有条件地放开，且对于未成年人器官捐赠理由所提出的要求高于完全民事行为能力人的器官捐赠要求。例如，芬兰、丹麦等国家的法律明确要求未成年人作为器官供体的条件是未成年捐赠者与受赠者之间必须有特别的身份关系，且后者的健康恢复能够使捐赠者在其中得到特别的利益，同时手术风险需控制在极小的范围内；荷兰法律规定若对未成年人的非再生性组织进行摘除，必须合理评估其利益，对于未成年供体的身体健康不会造成持续性影响和伤害。其他大多数国家器官移植的立法也将未成年器官捐赠人及受赠人之间的关系限定在家庭直系亲属范围内，例如，叙利亚法律只允许未成年的同胞兄弟姐妹之间相互捐赠，比利时、波兰及英国的法律则将范围扩大到非直系但与其遗传基因相关的亲属。[②]

各国法律除对未成年人器官捐献条件进行严格限制外，对于未成年人捐献器官的批准、判定及捐赠器官的程序要求也异常严格。在澳大利亚，虽然大部分辖区的法律均通过了自未成年人身体摘除

---

① Austen Garwood-Cowers, Living Donor Organ Transplantation: Key Legal and Ethical Issues, Dartmouth Publishing Company, 1999, p.122.

② Kenyon Mason, McCall Smith, Graeme Laurie, Law and Medical Ethics, Butterworth, 2002, p.431.

可再生组织的法律法规，不同地区的程序却不尽相同：在大多数地区，需要由医生告知摘除器官组织的性质及影响的相关内容及细节，并由未成年人及其父母确认理解后，取得由父母出具的书面同意书；在南澳大利亚州，未成年人器官摘除及捐献还需要通过部长委员会批准；维多利亚州规定，若未成年人由于年龄原因确实无法理解手术性质、影响等事宜，相关人员或医方只有在能够证明接受未成年人捐赠的家庭成员若不进行移植将危在旦夕时，方才可以进行可再生器官组织的移植；在昆士兰州，还需证明该器官组织移植手术对未成年人供体的风险是极小的，否则手术不得进行。美国判例法规定，未成年人活体捐赠器官须提交法院批准文书；而有些州的法律甚至规定在未成年人具备同意能力时，其器官捐献无须征得父母同意，此时在审核未成年人判断力及认知能力的环节中扮演重要角色的便是当地法院，其对于未成年人“自愿捐献”的判定与事先的介入是法律对未成年人作为供体时权利的特殊保护。北欧一些国家则是由国家的卫生部、卫生部授权的医师或专门成立的伦理委员会代替法院对未成年人的器官摘除、捐赠进行批准审核。

就我国而言，考虑到未成年人在生理上处于发育期、在心理上缺乏足够成熟和理性的自我判断力及情绪控制力的特殊身份，国务院颁布的《人体器官移植条例》对未成年人的器官捐献持保留意见。笔者认为，在我国对未成年人作为供体的未来立法中，建议根据所捐献的组织及器官属性的不同进行区分对待。对于可再生的器官或组织，在未成年人具备同意能力时，对其“自愿捐献”进行判定及及时的介入；在未成年人不具备同意能力时，由其法定代理人决定。同时，应指定或专门成立相应管理机构，承担判定、管理及特别许可的职责。

二、其他无行为能力人、限制行为能力人

其他无行为能力人及限制行为能力人，是指除因年龄因素行为能力受限的未成年人外，其他因精神、认知、年老及生理原因造成行为能力受限的主体，如精神病患者、植物人、阿尔茨海默病患者等。

由于其他无行为能力人及限制行为能力人涉及的种类较多，情况复杂，针对这类供体的器官捐献应严格判定程序，将其与完全民事行为能力供体的器官捐献加以区分，不给不法分子或无行为能力人、限制行为能力人的亲属损害该类主体的权利留有可乘之机。对于涉及该类主体的正当合法的器官捐献需求，比照适用未成年人器官捐献的原则及流程进行。

三、死刑犯人

“在 2012 年全国两会上，时任卫生部副部长的黄洁夫曾表示，器官紧缺是我国器官移植发展的瓶颈，由于缺乏公民自愿捐献，死囚器官成了器官移植的主要来源”[①]，这真实地反映了当时我国器官医学捐献中所面临的窘境。据统计，我国源于死刑犯捐献的器官移植数量高达总量的 65% 以上。国际移植界甚至曾制定针对中国的所谓“三不”政策，即不承认临床移植成果；不允许在国际权威杂志发表临床器官移植文章；不同意中国移植专家加入世界移植组织。这使得

① 《全国政协常委、原卫生部副部长黄洁夫：今后器官移植可纳入医保》，载《中国经济周刊》2015 年第 10 期。

中国器官移植医生在国际上处于被孤立的境地。

造成这种状况的原因是多方面的。1984 年 10 月，由我国最高人民法院、最高人民检察院及多部委联合颁布实施《关于利用死刑罪犯尸体或尸体器官的暂行规定》(以下简称《暂行规定》)，对于死刑罪犯尸体或尸体器官可供利用的几种情况进行了规定，包括：1. 无人收殓或家属拒绝收殓的；2. 死刑罪犯自愿将尸体交医疗卫生单位利用的；3. 经家属同意利用的。

在 20 世纪 80 年代，受器官移植的医疗技术和民众对器官移植的社会认识以及经济能力的制约，我国器官移植手术存在重重困难。因此，针对所摘取的死刑犯器官数量少，且主要应用于医疗科研和教学使用的大背景下，该《暂行规定》具有一定的约束力。《暂行规定》较为全面地考虑了“在少数民族聚居地区，执行本规定时，要尊重少数民族的丧葬习惯”“利用死刑罪犯尸体或尸体器官要严格保密，注重影响，一般应在利用单位内部进行”“摘取手术未完成时，不得解除刑场警戒”等各项特殊因素。同时，它也是在《人体器官移植条例》出台之前我国指导死刑犯遗体处理的规定，在之后的很长一段时间内确立了死刑犯本人及其家属处置死刑犯遗体的主导地位。

在《暂行规定》的具体实施过程中，我国采用的一直是“由地方司法部门与移植医院获取死刑犯器官”的方式，即死刑犯待决前，需要在经看守所同意的情况下通过验血获取其各项生理指标及信息；死刑由法院执行，检察院负责监督执行，如未获得司法部门的许可，医院不得对死刑犯的器官进行摘取。《暂行规定》为司法部门向医疗机构提供死刑犯所自愿捐献的器官这一行为树立了法律依据。

一方面，死刑犯人在被执行死刑前自愿同意捐献器官的行为本应值得鼓励，但是由于他们的罪犯身份，死刑犯人在器官捐献中可能存在被区别对待甚至被歧视的情况。而另一方面，20 世纪 90 年代以后，随着对于供体器官的需求及移植手术量的剧增，供体器官呈现供不应求的状态。《暂行规定》的盲点及其监管程序的缺失也随着各类案例的增多而愈加明显，逐渐显露出其有违科学以及操作不透明的弊端。医学界普遍存在的“对死刑犯摘取器官是‘废物利用’，还可造福他人”的偏见也导致许多违背供体意愿的案件发生。2003 年，甘肃某看守所因在未经死刑犯及其亲属同意的情况下，执行死刑后将犯人器官“捐赠”而被告上法庭，看守所因无法提供证明供体自愿捐献的证据而败诉，但由于立法不健全，当地法院仅判决看守所向死刑犯家属承担赔偿 2000 元的民事侵权责任。

2004 年，随着著名演员傅某花费 30 万元移植山东一死刑犯肝脏的消息经由媒体曝光，死刑犯器官被非法摘取利用的问题广受关注，针对这一群体的器官捐献法律监管成为极为敏感的话题。理论上，死刑犯的器官捐献在程序上需要获得其本人或家属同意，而在实际操作中，立法缺失所导致的法律漏洞及程序不透明带来的可乘之机，都无法保证一个失去自由的犯人表达其捐赠器官的“绝对自愿”愿望的真实性。

21 世纪随着我国少用、慎用死刑的刑事政策的提出，死刑判决正在逐年减少，死刑犯长期作为我国尸体器官移植供体主要来源的状况也得以终结。2005 年的世界卫生组织西太平洋地区的卫生高层会议上，中国政府首次披露了国内器官移植的供体主要来自死刑犯这一事实，并表明中国推进器官移植事业改革的决心。自 2015 年 1 月 1 日起，我国宣布全面停止使用死刑犯器官，这使得“自愿捐献”成为器官移植供体的唯一来源。从法理角度分析，死刑犯作为公民，其捐献器官的权利并未被剥夺，因此全面停止使用死刑犯器官的规定并非剥夺了死刑犯捐献器官的选择权，而是使行使这一权利需要更加完善而严格的规范。

笔者认为，死刑犯作为供体进行器官捐献过程中的关键问题包括两点：其一是对死刑犯执行死刑后的“死亡”的判定；其二是对死刑犯“自愿捐献”这一重要环节的程序制度设计及监管体系的建立。为保证死刑犯作为供体其器官具备可用性，执行死刑的方式对器官移植是否具有影响是研究的前提。我国现阶段的死刑执行方式包括枪决及注射两种，随着对人道主义的关注，注射已经成为主要的死刑执行方式，那么注射死刑是否会对尸体器官的移植产生影响便至关重要。我国的注射死刑大多首先注射大剂量巴比妥类麻醉剂，以使人处于镇静和深睡眠状态，其次注射高浓度氯化钾，其主要作用是使心脏加快停搏，让死刑犯在数十秒内得到解脱直至死亡，两者均不作用于器官本身，因此不会对尸体器官的利用产生影响。

对于死刑犯“死亡”的判定，与前文提到的对病人“脑死亡”的判定有所不同。根据我国台湾地区“人体器官移植条例”的规定，“死亡”状态的判定需要满足“在使用人工呼吸器的状态下，观察至少 12 小时”，方可实现“脑死亡”判定。2001 年，在执行死刑之前，台湾地区两名死刑犯提出自愿捐献其所有的四个肾脏，因而台湾林口长庚医院全体器官移植小组在死刑执行后耗费 5 个多小时顺利完成器官的摘取与移植，并且利用这四个肾脏救治了两男两女共四位患者。然而，事后有人指出该行为违反了台湾地区有关“观察至少 12 小时”以判定“脑死亡”的程序，但两名死刑犯系被枪决，因射击脑部会造成大量出血，器官摘取不可能等上 12 小时。因此，对于自愿捐献器官的死刑犯的“死亡”判定，势必需要采取与普通“脑死亡”判定不同的标准，在对于执行死刑的方式予以充分了解及确定执行到位的条件下，可以缩短对于“脑死亡”判定的时间。例如，对于通过射击脑干而执行枪决的死刑犯，可根据执行情况判定其当场死亡；对于采用注射执行方式的死刑犯，可通过对注射死刑医学原理、作用方式充分论证和研究的前提下，大幅缩短对于“死亡”判定的时间。

对于死刑犯“自愿捐献”这一关键原则的程序制度设计及监管体系的确立，应首先建立在死刑犯及其家属“完全知情”和“自主自愿”的原则之上，明确在实施过程中需对“自愿捐献”的意愿进行充分的确认，以避免诱导、迫使情况的出现。同时，监管系统与执行系统须严格分开，由不同机构或部门负责，以高度透明为原则。

第三章　器官移植中受体的权利保护

第一节　器官移植受体的基本权利保护

在器官移植过程中，受体虽作为受益方，但与供体一样，平等享有民事主体的民事权利，在器官移植过程中所涉及的受体权利包括生命健康权、知情权、隐私权、人格尊严利益、平等受益权等。另外，由于我国及世界大部分地区移植器官存在激烈供求矛盾，作为器官移植的受体，也必须接受器官移植过程中的各项考量原则约束，以保证器官移植公平、有序、合理、合法地进行。

一、生命健康权

由于器官移植技术的特殊性及其发展水平的要求，现阶段的器官移植大部分都需要通过手术实现受体身体同移植器官的接合，因此手术本身对受体身体所造成的侵入将不可避免。因此，与供体相同，器官移植手术本身可能对受体的生命健康权造成侵害，具体侵害如下：（1）在手术过程中，可能存在由于医院或医生的过失，以及对器官移植手术风险估计不足等原因，造成手术失败，导致受体受到重伤甚至死亡；（2）由于术前医院没有执行严格的器官来源审查，导致将卫生安全不达标的器官移植到受体身上，造成受体在术后健康状况恶化加剧；（3）由于术前主治医生对于受体发生病变的器官及其病情实际状况判断失误，导致向受体移植了原本并不需要移植的器官，影响受体的术后生命质量；（4）在患者符合移植条件，且可供移植的器官已满足移植要求，同时其他客观条件（如患者是否已缴纳手术费用等）均满足时，医方以其他理由（如患者为高龄老人）拒绝为受体移植器官，导致患者死亡；（5）供体器官被病毒或外界环境不同程度地污染，对受体的生命健康权造成侵害，若病毒具有传染性，则危害范围可能会扩大至受体亲属。

一方面，器官移植的受体享有维护自身生存的权利，其生命健康权理应受到法律的严格保护，因此基于以上所列述的器官移植中对受体生命健康权可能产生的种种侵害，需要通过加强立法，规范器官移植过程中的相应程序，充分保障器官移植中受体的生命健康权。对于因上述各种原因而造成受体的生命健康权受到损害，甚至导致疾病的传播等情况，应当追究相应机构或个人的法律责任。而由医学科学及器官移植手术本身的性质所决定，因移植导致病人身体的完整性受到损害的，受体则无权要求赔偿。

另一方面，在受体的身体器官发生病变或衰竭时，受体有权依据既有原则要求医院及主治医生实施器官移植手术，这客观上要求医方履行其相应的救治义务，即在满足一定原则的基础之上，存在可供移植的器官，受体能满足移植的经济要求，且移植时机成熟的情况下，医院及主治医生有义务为受体进行器官移植，并保证在器官移植手术过程中严格遵循相关医疗规定，严格执行医疗卫生标准，这同样也是保障受体生命健康权的体现。

二、知情同意权

在器官移植中，由于受体在移植手术中所处地位相对被动，因而其知情同意权的内容也与供体不甚相同。除了与供体相同的作为自然人在器官移植手术中享有的对身体状况及疾病状况知悉的权利（包括要求医生提供全部诊断、治疗、护理、预后信息等），以及在完全认知的基础上自主选择是否认可并实施治疗方案的自主选择权之外，受体还有权对供体及其器官的来源、性质、状态、功能及可能带来的效果及隐患全面地进行了解，这也与日益发展的器官移植医学技术及其所牵涉的道德伦理问题关系紧密。

知情同意权的第一层内容在于，受体有权了解整个手术包括手术过程在内的全部相关情况，包括手术可能存在的任何风险、供体及其器官的详细信息、手术方案，等等。在受体完全知悉并同意的前提下，院方及其主治医生方可进行手术。在这一过程中，受体的认知能力及思维意识水平也是其自我判断、表达同意的关键。此处的“同意能力”指的是能够理解检查、治疗或研究的程序，并能够权衡它的利弊得失，理解所采取的方案的后果，能够独立根据其认知进行评价和选择，并运用这些能力作出决定的能力。而对于同意能力，其判断标准通常有两种：其一是通过民事行为能力进行界定，即判断受体具备同意能力与否，直接适用有关民事行为能力的法律规定；其二是通过表意能力进行界定，而一般成年人都可以被推定为具有表意能力。当受体被判定为完全行为能力人时，同意意愿一般须由受体本人进行表达，只有由他本人作出的决定才有效，其亲属不得代受体本人表达。而当受体被判定为无行为能力人或限制行为能力人时，其亲属可作为权利人代受体本人作出决定。在某些特定情况下，未成年人作为受体也可被看作具有表意能力或同意能力的个体，而针对未成年人作为受体具有同意能力的认定，则需要法律依据予以支持。

对于受体而言，知情同意权的第二层内容并不仅限于第一层中对于供体及其器官的详细信息等的知悉，笔者认为，还包括对受体个体及其家人共同就器官移植所造成的潜在危害和道德伦理风险进行普及和评估。这不单纯是立法方面的考量，更是相关法律制度与医疗技术配合的关键。

如第一章中所述的，随着器官移植技术的飞跃式发展，器官移植已经不再局限于人体局部的内部脏器及功能性脏器的移植，包括头颅移植、全脸移植、生殖器官移植以及异种移植在内的各种器官移植都成为可能，随之带来的潜在的道德及伦理考验必然会扩大受体及其亲属知情同意权的范围。

一般意义上所说的知情同意权由于具有强烈的人身属性，通常只属于接受器官移植的受体本人。但是在上述器官移植新兴领域，由于可能带来的道德伦理问题及相应疾病的传播风险，所以宜将知情同意权的主体扩大到受体本人及其亲属。在此基础之上，对于异种移植等特种移植过程，受体的知情同意权的内容和权利行使方式应更为严格详尽。它不仅应包括向受体及其家人完全而清晰地解释手术本身可能具备的风险，如移植手术的成功率、死亡率、移植失败所造成的后果、移植成功后的术后恢复过程、生活质量以及可能引发的副作用等，还应包含由于所移植的特殊器官的外观、形态、性质、功能的变化对受体心理、亲属关系认知可能造成的影响。

由于特种移植是一种基于临床方案之上的带有实验性质的医疗技术，医学本身对于特种移植可能产生的生理危害及其连带产生的心理危害并没有系统而精确的掌握和认识，在履行受体及其亲属知情同意权的过程中，医院及主治医生要本着实事求是的原则，以严谨的医学态度向受体及其家人告知相关情况。

另外，还有两点须说明。第一，对于某些特种移植，受体不可以撤回自己的同意。比如异种移植，虽然通过异种移植可维持受体的生命健康，但由于异种器官的潜在风险，受体携有传播类疾病的风险较大，针对这一情况，一旦有效的知情同意表意在法律上生效，该同意不能撤回。第二，在某些特定条件下，医疗机构出于治疗及病人心理控制的需要，在某些具体情况上对待移植受体本人有所隐瞒，以达到安抚病人、使其以良好心态进行治疗的目的。只要这一行为不违背医德，不会给病患自身带来损害，同时已向待移植受体的家属解释清楚，就不应认定医疗机构对受体的知情权构成侵权。相同的情况也多见于一般的医疗活动中。

三、隐私权

隐私权是自然人享有的私人生活安宁与私人生活信息依法受到保护，不受他人侵扰、知悉、使用、披露和公开的权利。因此，器官受体作为自然人理应享有其隐私权。

每个人的身体都是独立且完整的，由于器官移植的客观技术条件，无论是器官捐献者或接受者，在经历器官移植手术后，其身体的完整性都必然受到一定损害。相较于器官供体作为器官捐献者所具有的广受社会鼓励和褒奖的身份而言，移植受体的身份并不一定都适合向他人披露。尤其是随着器官培养和移植技术的进步，移植器官中对一些关键部位诸如全脸、头部、性器官的移植，都处于社会伦理的争议区域，抑或是通过异种器官移植接受了动物的器官后，可能会因自身身体的“不纯性”而对心理产生极大的影响。因此，隐私权更是移植受体在身体的康复之外，在精神、社会身份、伦理层面上恢复以及重新融入社会的重要保障。

例如，58岁的美国帕金森症患者托尼·约翰逊于1994年接受了猪脑细胞移植，以供其脑部器官恢复。出院后托尼·约翰逊自主活动的能力得到了大幅的改善，但由于各种原因，其接受猪脑细胞移植的消息不胫而走，以至于术后其收到了带有嘲讽意味的贺卡。寄卡人本身可能并非出于恶意，但对于身心尚未恢复的移植受体而言，被看作异类的心情将对其术后恢复和重新融入社会造成极大的心理阻碍，加重对其心理和精神的伤害，使之难以过上正常人的生活。

针对受体的隐私权保护并不受限于单一性质或形式的器官移植手术或试验，而是但凡涉及器官移植手术的机构和相关人员，都必须尽可能采取有效措施无差别地保护患者的个人信息，减少其隐私权被侵犯的可能。

与普通医疗手术的隐私权保护略有不同，器官移植涉及更多的试验性、科学性及伦理挑战，故作为移植受体，基于其认识范畴及知识结构，可能并不具备独立的对器官移植隐私权中保密范围的判断能力。因此，笔者认为，针对器官移植中受体隐私权的保护制度应分为术前的告知保护及术后的补偿措施。

（一）术前的告知保护

研究对移植受体隐私权保护的前提是受体本身对于隐私权及隐私泄露对自身可能带来伤害的自知，如在本节所举的例子中，受体可能并未意识到将其器官移植细节透露给外界可能对自己身心造成的潜在伤害。而所谓术前的告知保护，便是针对受体对于自身在伦理方面潜在的隐私权范围及隐私度不自知的可能，给予受体的一种预防告知，预先让受体对于其接受器官移植后可能在社会和周围人群中造成的反响及对自身可能带来的伤害有所预判及认知，以便受体首先对其隐私权及其隐私范围有明确的认知，并划定其术后信息分享的安全范围，从其自身的角度杜绝可能造成的精神利益损害，这本身也属于受体知情权与隐私权之间存在交集的范畴，医疗机构告知义务的履行与移植受体隐私权的保障，是相互对应的关系。

在此基础上，才是参与受体移植过程的所有人员及医疗机构对受体隐私权的尊重和保护，即术前的告知保护还包括确立医疗机构及医务人员的保密义务。开展器官移植手术的医疗机构对于在执业过程中所知悉的器官移植受体的信息应当采取有效可行的措施严加保密，未经受体书面同意或非为公共利益不得泄露，在器官移植受体的精神利益受到可能的损害前，采取措施保护受体精神利益不受损害或尽量降低其精神利益受到损害的可能性。若损害发生，由此产生的赔偿责任需由信息泄露机构或个人承担。

（二）术后的补偿措施

所谓术后补偿措施，是指利用法律救济功能，对侵权者追究法律责任，对受害者补偿受害利益，以修复被破坏的法律关系的措施。

若医疗机构和医务人员未尽到保密的义务，对器官移植受体的相关信息未经允许而予以不当披露及宣扬，甚至利用该信息牟利等，造成他人对器官移植受体产生歧视或侮辱，应认定泄漏患者隐私的保密义务人侵害了器官移植受体的隐私权，并根据患者隐私权被侵害的程度及遭受损害的大小，追究相关机构和人员的相应民事或行政责任。受体隐私权的范围包括有关受体个人信息以及手术具体细节、受体的病历资料或捐献资料、临床器官移植报告、摄影资料等。在未经受体同意的情况下，医疗机构不得将以上内容对外公开，不得进行任何目的的器官移植手术的直播等活动。①

从某种意义上讲，对于受体而言隐私权保护的是一种精神利益，因此，一旦隐私权遭到侵犯，与之相应的补偿措施通常也与前文中所述的精神损失及伦理道德损失相对应。

目前，我国对患者隐私权保护的法律依据为《中华人民共和国侵权责任法》第六十二条的规定，即“医疗机构及其医务人员应当对患者的隐私保密。泄露患者隐私或者未经患者同意公开其病历资料，造成患者损害的，应当承担侵权责任”。此外，根据《中华人民共和国执业医师法》第二十二条第三项规定，医师在执业活动中应履行关心、爱护、尊重患者及保护患者隐私的义务。这也成为医疗专业规范对医疗机构和具有专业医师资格的医务人员对病患隐私权保护的要求。医师在执业活动中泄露患者隐私，造成严重后果的，将面临警告、暂停执业活动或吊销执业证书；构成犯罪的，应承担刑事责任。

① 祝彬：《器官移植中隐私权的保护》，载《企业家天地下半月刊（理论版）》2009 年第 10 期，第 247−248 页。

四、平等受益权

根据《人体器官移植条例》中第二十二条的规定，申请人体器官移植手术患者的排序，应当符合医疗需要，遵循公平、公正和公开的原则。而对于具体保证“公平、公正和公开”实施的细则，《人体器官移植条例》则规定“具体办法由国务院卫生主管部门制订”。因此，对于器官移植受体平等受益权的讨论，需要在《人体器官移植条例》所明确的立法原则基础之上对立法的细节进行讨论。

国家卫生和计划生育委员会（现为国家卫生健康委员会，下同）的统计数据表明，2013 年左右我国每年有约 30 万人需要器官移植，但仅有约 1 万人可以获得器官捐助而实施移植手术。[①] 而随着国内医疗机构的发展和医疗技术的进步，许多在自己国家难以获得器官移植的外籍人士纷纷通过各种渠道进入我国，花高价利用各种渠道获得移植器官。虽然早在 1991 年，世界卫生组织（WHO）决议通过的人体器官移植指导原则就已明确规定，以跨境旅游为名到他国接受器官移植手术的行为是被严格禁止的，但是在暴利的驱使下，违规甚至违法的事件时有发生，许多器官被不合规地“优先”移植给出价更高的受体或外籍人士。

在 2013 年 8 月国家卫生和计划生育委员会发布的《人体捐献器官获取与分配管理规定（试行）》（已于 2019 年修订）中，第十六条规定：“捐献器官的分配应当符合医疗需要，遵循公平、公正和公开

① 周大伟：《从身份到契约：对器官移植新法规的思考》，载《中国新闻周刊》2013 年第 32 期。

的原则。”[①] 第十七条规定：“捐献器官必须通过器官分配系统进行分配，任何机构、组织和个人不得在器官分配系统外擅自分配捐献器官。”[②] 同时，该规定还对省级卫生行政部门在国家卫生和计划生育委员会的统一领导下所成立的专职机构进行了规定，即一个或多个由人体器官移植外科医师、神经内外科医师、重症医学科医师及护士等组成的人体器官获取组织（Organ Procurement Organizations，简称OPO），由OPO按照中国心脏死亡器官捐献分类标准负责捐献器官的获取及分配工作的实施，而在受体获得移植器官的分配方面，也规定自2013年9月1日起，OPO必须通过器官分配系统适时启动捐献器官的自动分配，严格执行分配结果，确保捐献人及其捐献器官的溯源性，并规定有条件的省（区、市）可实施辖区内统一等待名单的捐献器官分配制度。

这里所提到的“器官分配系统”是世界卫生组织认可的、最大限度地排除人为干预的一种技术手段。该系统旨在超越任何个体身份、摒除人为因素的干预，将等待移植受体的医疗状况、紧急程度、同供体器官匹配程度等客观条件作为器官分配的唯一准则。在《人体捐献器官获取与分配管理规定（试行）》的指引下，该系统将得到完善，配合相关法律法规的实施，则任何机构、组织和个人将无法在器官分配系统外擅自分配捐献器官。因此，《人体捐献器官获取与分配管理规定（试行）》的制定以及器官分配系统的提出从某种程度上对国内的器官移植发展以及受体公平、公正地获得器官移植机会起到了相当的促进作用。

---

① 2019年修订后为第二十五条。

② 2019年修订后为第二十六条。

由于人体器官移植的技术水平和发展程度高于我国，许多西方国家在几十年前便开始利用法律机制和操作规程来保证分配系统的公平公正。这些国家的实践证明，相应法律法规的制定是确保器官捐献移植过程中病患平等受益权的根本措施，同时也增加了公众对器官捐献系统和体系的信任。早在 1984 年，美国便通过了《国家器官移植法案》。根据该法案，美国成立了国家器官获取和移植网络（OPTN），且将该网络规定为唯一能与所有器官捐献和移植系统中的相关专业人员联络的公开而独立的合作组织。在该组织的平台基础之上，美国卫生部监督其运行及检索查询系统的开发。通过该平台，美国卫生及公共服务部不仅建立了全美范围内的器官分配网络，使受体的平等受益权得到最大化满足，也详细规定了不同病因、病情轻重程度，甚至特殊情况下器官分配的先后顺序。这些规定不仅基于严谨的医学知识的汇总及应用，也兼顾了人道主义、生命优先等道德标准，使得美国的器官移植系统更加合理高效地运行。2009 年，时任苹果公司总裁乔布斯面临肝移植手术时，他所在的加利福尼亚州的国家器官获取和移植网络所规定的对于肝脏移植受体的判定标准是根据器官受体终末期肝病模型（Model for End-Stage Liver Disease）评分结果筛选，该模型依据实验室检测的荷尔蒙水平决定移植需求的迫切性和必要性，同时兼顾病患的已等候时长。这就决定了肝硬化和肝炎病人将被优先考虑，因其具有更长期存活的可能性，而乔布斯作为癌症病人则不属于优先移植范围。因此，如乔布斯这样的名人也无法绕过合法程序，只有像大多数普通人一样通过公开网站申请并查询，等待严格的审查结果并查看自己的排位情况。

相较美国不同州采取不同的器官捐赠方式和分配原则，德国的器官捐赠移植体系则是通过欧洲器官移植中心统一管理运营的。欧洲器官移植中心总部位于荷兰，按照遵循先后顺序的同时考虑病人病情紧迫程度等原则，管理全德国器官待移植受体的等候名单。而德国的器官移植分配便根据这份由第三方管理的排名表向病人分配器官，以保证公平公正。

日本为了在选择接受捐献器官的患者过程中保证受体的平等受益权，采用针对不同器官制定不同标准的方式，同时注重器官分配的可操作性在分配系统中的权重。例如，由于肝脏移植具有特殊性，从供体体内摘取到移植到受体体内重新恢复供血的整个过程需在 12 小时内完成，因此在日本，以此为标准划定在相应时间内能确保将供体器官移植给受体的运送范围，在此范围内再对等待移植受体从医学角度进行优先顺序排位，对紧急程度、血型等要素选项以打分制进行排序，并按分数高低安排器官移植手术的顺序。① 可以说，通过更加人性化和可行性的方式实现了“公平、公正和公开”原则，以确保将器官首先分配给最急需的受体。

器官分配必须坚持公平原则是受体平等受益权的具体体现，对于器官分配系统的立法规范便成为器官移植受体平等受益权的重要保障。在器官分配的标准和程序的制定中，需要考量多方面的因素，这些因素的综合考虑是器官分配系统保证待移植受体获得平等受益权的关键，在此基础上才能够利用自动化手段规范流程。这些因素应包括：

（1）待移植受体的生命质量条件和现状；

（2）待移植受体现阶段状况对于所需器官的迫切程度；

（3）器官移植供体与受体在血型、年龄等各方面配型的相容度；

---

① 参见《媒体盘点外国器官分配：美国分配信息随时可查》，网易新闻，http://news.163.com/13/0713/07/93L7AB3A00014AED.html，访问时间为 2017 年 10 月 4 日。

（4）器官捐献供体自身的意愿；

（5）待移植受体所在地区与供体之间的距离；

（6）进入名单的等待顺序；

（7）受体所需移植手术是否属于医保范围及受体对应的经济能力；

（8）待移植受体是否作为器官供体向他人捐献过人体器官；

（9）待移植受体对社会所具有的价值及对其家庭所具有的价值；

（10）待移植受体病情参与移植对应的医学价值及科研意义。

以上这些衡量因素都有可能影响器官的分配及其公平，因此需要在立法过程中合理考虑以上原则的权重及排序，以在多个因素共同符合的情况下进行优先级的判定，从而确定器官分配的具体标准。对上述原则价值的具体考量和权衡会在后文中进行进一步探讨。

第二节　受体器官分配的原则

一、总体分配标准

在上一节针对器官移植受体的平等受益权的讨论中，为了保障受体在器官移植分配过程中受到公平的对待，已列出若干考虑因素，在此基础上选择合理的评判标准、建立分配评判体系方可实现公平公正的分配。

根据我国现阶段器官移植医学水平，参照既有《人体器官移植条例》的基本原则，兼顾道德伦理等必要的考虑因素，可以将器官分配所考虑的因素分为基础条件、优先条件及参考条件。

所谓基础条件，即满足医学水平及手术实施条件的基础。在器官移植中，首要是对受体能否得到成功的移植及治疗进行医学评估，在现阶段的医学水平下，无法实现超越现有技术的移植，因此评估的科学依据只能是医学标准，不能掺杂其他任何社会因素。根据这一条件的限制，“待移植受体的生命质量条件和现状”“待移植受体现阶段状况对于所需器官的迫切程度”“器官移植供体与受体在血型、年龄等各方面配型的相容度”“器官捐献供体自身的意愿”“待移植受体所在地区与供体之间的距离”都是对医疗现状而言不可忽视的基础条件，这几个条件中的任何一个不达标时，受体便失去了移植成功的可能性以及器官移植手术的必要性。

应当注意到，在以上各个因素中，“器官捐献供体自身的意愿”这一因素包含多种可能。在许多现实情况下，器官移植的供体与受体之间存在血缘关系，为了拯救因器官衰竭而面临生命威胁的家庭成员，大多数家庭会有直系亲属（通常为父母、子女或兄弟姐妹）主动提出作为供体向受体提供器官，在这些情况下，其供受关系是唯一且确定的，除非将供体器官移植给捐献者特定的亲人，否则供体的器官移植将“非自愿”。因此，“器官捐献供体自身的意愿”具有所谓的至上性。《人体器官移植条例》第十条规定：“活体器官的接受人限于活体器官捐献人的配偶、直系血亲或者三代以内旁系血亲，或者有证据证明与活体器官捐献人存在因帮扶等形成亲情关系的人员。”因此可以看出，无论死后捐献供体，或是活体捐献供体，都应该尊重捐献人的意愿。“器官捐献供体自身的意愿”应作为器官分配过程中重要的基础条件之一。

但是，针对非定向受体进行捐献的供体，也可能面临这样一种可能。例如，某些在分配序列中排序靠后的受体或其家属（甚至包括所在医疗机构的医务人员以及能够介入分配过程的工作人员），通过某些渠道了解到供体的基本情况，私下与供体进行联络，通过感情攻势或经济利诱等各种手段，说服供体将特定受体作为其捐献意愿的指定受体。这样的情况在现阶段法律及分配制度尚不健全的情况下时有发生，虽然受体及其家属同样是出于自救及拯救生命的善意行事，但无形中损害了同样在分配序列中等待的其他受体的平等受益权。因此，在将"器官捐献供体自身的意愿"列为基本条件的同时，也需加强对于供体信息及供体隐私权的制度保障和立法保护。

除了基础条件，还有优先条件，即在满足医学条件的情况下，保障公平公正分配的主要条件。因此，相较基础条件必须完全满足的性质，在优先条件中需明确各条件的主次，细分各种可能的情况，以确保在医学条件相同的情况下，不同受体能够平等受益。上述因素中"进入名单的等待顺序""受体所需移植手术是否属于医保范围及受体对应的经济能力"应作为在基础条件完全相同的情况下器官分配的准则，并且根据社会条件、社会医疗保险程度的不同区分考量的先后。同时，应当将"待移植受体是否作为器官供体向他人捐献过人体器官"这一因素也作为优先条件中的一项进行考虑。

存在对"优先条件"是否满足程序上的公平公正的质疑是无可厚非的。首先，"进入名单的等待顺序"本身并不能独立作为条件考虑，一定需要在各项医疗指标及身体状态、年龄等条件都相同的条件下对比才有意义。但是，根据在国际上器官分配系统遵从的"先来后到"原则，该因素必然作为优先条件中不可或缺的被列入考量的一项。其次，作为优先条件之一的"受体所需移植手术是否属于医保范围及受体对应的经济能力"，在实践中，即使在待移植名单中排名靠前，各项医疗条件都符合，但如果某个受体没有足够的经济能力支付医疗费用，那么对于待移植受体平等受益的权利便在"金钱至上”的驱使之下形同虚设。对比国外相同的情况，加拿大等许多国家已经实行全民医疗福利，即使患者无法支付器官移植手术的高额费用，但是只要其在名单中排位在前，同样可以实现权利，哪怕排在后一位的是社会名流，或对社会所具有的价值更大，也不能够逾越优先条件。但在我国现阶段尚不具备全民医保条件的情况下，“受体所需移植手术是否属于医保范围及受体对应的经济能力”这一要素就不得不作为衡量受体能否获得器官的因素之一。这也提醒我们，与器官分配系统的健全和推动器官移植立法相匹配的还有医疗保险制度的完善，如果某位患者符合器官移植的条件但由于经济问题无法接受移植手术，那么器官移植相关制度终究仍是有经济实力者的保障。将该因素列为优先条件，既是我国器官移植现状的必然要求，也是我国器官移植立法及相应医保制度完善的未来方向。最后，将“待移植受体是否作为器官供体向他人捐献过人体器官”作为优先条件进行考量，一方面是我国现阶段器官捐献“供小于求”的现状所致，另一方面也是出于推动全民对器官捐献的认识和提高自主自愿捐献意识的考虑。

除此之外，诸如“待移植受体对社会所具有的价值及对其家庭所具有的价值”“待移植受体病情参与移植对应的医学价值及科研意义”因素，以及诸多尚未列出的可能在受体选择中起到一定作用的因素，都可以作为“参考条件”，其作用仅作为某些特定条件下的辅助参考因素。在某些条件下，也可能存在个别参考条件转化为优先条件甚至基础条件的可能性。以上这些因素基本涵盖现阶段医疗及试验类器官移植手术的各个方面，为了形成合理的衡量标准，为立法打好基础，需要分别对以上条件进行考察，形成社会认同的原则，并通过立法确立下来。

二、社会行为原则

社会行为原则的概念非常宽泛，概括地说就是社会上大多数人在遵从的习惯、行事的方法以及道德伦理方面所达成的共识。在关于受体的器官移植立法过程中，这一原则主要是指法律对受体在被甄别、选择、分配器官过程中权利及义务的保护和限制，不能逾越社会公众的行为习惯及舆论共识的底线，包括建立人体器官移植技术临床应用与伦理委员会，以及建立合理、公平、高效的器官分配系统和保障制度，都是为了保证器官移植尤其是对受体进行的器官分配符合社会行为原则。

社会行为原则主要包含两个方面，既需要通过白纸黑字形成条文的统一法律意见，也需要有不成文的社会公众达成的共识。据此可以将社会行为原则的主要载体分为法律系统和道德系统。由于我国现阶段针对器官移植的立法尚不健全，在未来相关法律完善之后，违反相关法律的受体或侵害受体合法权益的行为必将受到法律的制裁，这就对该法律条文在公众当中的认同度提出很高的要求；而我国现阶段的社会道德共识同样对器官移植的受体相关的行为在立法之外提出要求，因此在立法过程中宜将这些内容予以体现，使社会普遍认同的道德伦理成为立法的指导原则。

三、排队原则

在当今世界上器官移植相关立法已经成熟的国家，其合理分配器官所广泛采用的是所谓的“中性原则”，也就是排队原则。前面叙述了对于排队原则的各项考虑因素，而具体的排队原则标准依各国国情、传统以及政府介入程度而各有不同。这一原则依然需要通过立法予以实现，同时要求基于排队原则的制度设计能够符合我国现阶段的国情、人文传统以及社会普适道德伦理标准。

四、效能原则

许多器官移植立法及管理成熟的国家，在分配器官时除社会行为原则和排队原则外，也需要遵循效能原则。这一原则的提出起源于美国，指的是由医院伦理委员会所制定的合理分配器官资源的各项原则的统称，其中主要包括回顾性原则、前瞻性原则、家庭角色原则、科研价值原则、余年寿命原则。需要说明的是，效能原则与社会行为原则及排队原则并不相冲突，而是相辅相成的关系，只是相对而言，它是根据社会行为原则所制定的准则。效能原则在大多数国家的器官分配体系中并不占有主导地位。依据前文对器官分配考虑因素及条件所进行的划分，效能原则主要体现于参考条件之中，一方面它可以在根据社会行为原则及排队原则判断完全相同的条件下给予分配系统一个参考，即选出对于社会更加具有效能的受体接受器官移植；另一方面效能原则本身也体现了器官移植这一医疗手段在未来发展中可能涉及的各方面因素。

（一）回顾性原则

所谓回顾性原则，是对待移植受体既有的对社会所作出的贡献进行考量。通过回顾病人之前的社会地位、工作性质、学历、职务、职称等社会身份的识别特征及其所从事工作的产出等标准，衡量其对社会的贡献，以确定其既往对社会运行的效能所带来的价值，以此作为评价一个受体既有的社会价值的原则。

（二）前瞻性原则

所谓前瞻性原则，与回顾性原则具有对应性，是对待移植受体未来对社会所作出的贡献及其作用进行考量。通过预测待移植受体康复之后可能处于的社会地位、工作性质、职务、职称等社会身份识别特征，衡量其通过器官移植获得康复后对社会的作用，以预判其未来对社会运行的效能所带来的价值，以此作为评价一个受体康复后社会价值的原则。

回顾性原则与前瞻性原则均是基于“社会”这一层面的效能考量，因此在立法中，需要特别关注对待移植受体“社会贡献回顾和前瞻”信息可信性的核实及对分配系统信息录入的监督，对以各种方式进行修改、造假的行为给予惩罚和制裁。

（三）家庭角色原则

所谓家庭角色原则，是考量待移植受体仅次于其社会价值的家庭价值。按照先国后家再个人的中国传统处世思想，一个人的家庭价值仅次于其对于社会所作的贡献。因此，家庭角色原则仅次于回顾性原则和前瞻性原则，对于单个家庭的效能成了在器官移植效能原则中衡量其分配价值的标准。家庭角色主要包括两个方面：其一是经济角色，即待移植受体是否是家庭中的主要经济来源，或对家庭的经济贡献是否占有主要地位；其二是家庭身份，即待移植受体的家庭身份对于家庭的重要性。这其中比较重要的因素是他在家庭中拥有几重身份，如有的待移植受体可能在家庭中既拥有父亲、丈夫的身份，也拥有儿子的身份，其对于家庭的重要性可见一斑。而另一个重要因素则是待移植受体是否处于家庭成员中的精神核心地位，这种所谓的精神核心地位可以解释为该待移植受体的死亡对整个家庭精神的打击程度，如现阶段我国的独生子女家庭中，占有家庭精神核心地位的往往是子女，而非主要经济来源的父亲或母亲。

可以看出，作为制约器官分配的效能原则，对于一个家庭而言，经济价值往往是高于精神价值的，但是随着社会发展尤其是我国现实国力的高速进步，许多特殊案例也屡见不鲜。因此，在立法中对于家庭角色原则不仅需要谨慎权衡，还需要根据不同情况区别对待。

（四）科研价值原则

器官移植技术的发展本身是建立在一代代医学工作者不断科研与探索过程之中的，在器官移植技术日趋成熟的过程中，也有无数具有代表性的病例或受体以“实验者”的身份加入器官移植手术的科学探索及学术研究当中。而在器官移植规范及器官分配制度日趋完善的今日，器官移植技术依旧处于其学科发展的起步阶段，因此依旧需要对某些未涉及领域进行试验性的尝试和探索，同时对某些典型病例及时进行研究分析，积累足够的试验数据和病例经验，以推进整个学科的发展进步。效能原则中的科研价值原则，即对于器官移植技术进步有辅助作用、科研价值更高的待移植受体的分配顺序优先于科研价值较低的受体。

科研价值排序低于社会因素和家庭因素，或者说是低于“人”的因素，其效能主要体现在对于整体医学技术水平的推进及提高未来的待移植受体器官移植的可行性及成功率。相对社会因素和家庭因素，科研价值自然不能放在优先位置，但这并不能否认科研价值对于器官移植学科发展的重要性，尤其是在面临一些涉及器官移植所带来的疫情、传染病等需要在短时间内取得科研成果以防止大规模疫情暴发的科学研究中，其优先性是可以商榷的。立法中的重点应偏重于对医疗机构所提出科研价值是否真实及其紧迫性和必要性的评估审查，对于所涉科研与医疗机构的修改、造假行为同样通过法律规定予以惩罚和制裁。

（五）余年寿命原则

所谓余年寿命原则，在前文中也已提到，简单地说，即考虑病人的年龄状况对器官移植的影响。但是针对余年寿命原则本身，以年龄作为标准所涉及的情况相当复杂。

首先对于年龄较小的待移植受体，即婴幼儿及儿童受体，他们的余年寿命虽然较长，但是由于未成年人器官移植在医学及客观条件上的特殊性，无法与成人器官移植进行比较。因此，在器官移植分配系统中，通常也会将未成年人与成年人分开进行分配。对于成年人，余年寿命原则建立在所有成年人在健康状况下都能够达到某一平均寿命的假设之上，其剩余年龄对于社会所产生的效能则被定义为“年纪越轻，其余年效能越高，对社会的价值也就越大”。需要指出的是，这同样是针对单一条件即“剩余寿命”这一因素而进行考虑的，因此其仅具有参考价值。在美国的器官移植分配制度中，确有关于余年寿命原则的体现，但只是针对老年人而言，即当待移植受体中存在年龄过大的老年人时，需要考虑其器官移植后余年寿命的影响。因此，在余年寿命原则下，可以清晰地表现为一条以年龄为轴的影响曲线，即对于未成年受体和同等情况下处于壮年的成年待移植受体而言，可以认为几乎不考虑余年寿命原则，而当待移植受体名单中存在超过某一年龄的老年人时，方考虑其余年寿命的效能原则。在我国相关制度设计中，对于这一衡量老年人的特定年龄界线的划定便成了余年寿命原则的标准和关键。

通过对以上这些效能原则的论述，可以看出，如果仅仅客观而单一地审视作为参考条件的效能原则，相较于基本条件和优先条件而言，似乎有些缺乏人性关怀，更多的是将受体作为“人”的特质忽略，实行物化考量，将“人”这一个体单纯地作为组成社会、家庭、技术进步、人口发展的一个零件看待，而未融入主观情感及道德关怀，因此在价值取向上会引起很大的争议，且保障实际操作中的客观性亦存在一定困难。但是，正如之前所说，效能原则作为参考条件，需要和前述的诸多基本条件和优先条件共同考虑，才能够在总体上体现出对于器官移植立法的补充作用。

另外，效能原则中所包含的各个原则依旧存在一个排队原则，只不过由于效能原则本身并不是现阶段器官移植分配中所考虑的主要原则，所以对于其所包含的各个原则存在的排队原则几乎不存在实际应用价值。但是，这依旧是未来立法中针对各类可能发生的特殊案例所带来的法律问题进行进一步司法解释及细化立法的方向。

五、对等原则

前文中已经讨论并建议将“待移植受体是否作为器官供体向他人捐献过人体器官”这一条件作为优先条件进行考量，这便是分配原则中对等原则的体现，即曾经的捐献者及其家属可以有获得可供移植器官的优先权。这一原则的确立对于我国现阶段的器官捐献事业发展具有重要意义。

在我国民众的传统观念中，尚存在许多排斥器官捐献的观点，认为捐献器官对于遗体而言是“死无全尸”，对于活体而言是不完整的表现。而这种观念的修正不是一朝一夕能够完成的，必须通过宣传普及和激励政策在全社会中逐步推广。当曾经的器官捐献者及其家属成为器官移植的需求者时，可以得到比一般人优先的分配机会，这种换位思考能够促使一部分人改变对于器官捐献的成见，设身处地地为自己和他人着想，吸引更多人关注器官捐献、器官移植问题。它作为一种对捐献者及其家属平等回报的方式，激励更多人投入器官捐献的行列当中，推动全民对器官捐献的认识和提高自主自愿捐献的意愿，在一定范围内能够起到改变器官捐献现状的作用。

虽然对等原则作为器官移植中的非必要性原则，不宜作为明确的法律条文进行强制性规定，但是只要能够在器官移植相关法律中提及并肯定对等原则，便预示着国家对器官捐献行为的支持和鼓励，有助于我国器官捐献的普及与器官移植的发展，甚至社会的进步。

第三节　期待利益受损、最佳治疗机会受损赔偿请求权

器官待移植受体在等待器官移植的过程中，可能由于排队较为靠后而无法及时获得所需器官，但是也存在由于人为故意或失误所造成的在可能获得器官移植的条件下最终无法实现自身权利的情况。在这些情况下，一方面针对民法调整范围以外的行为，需要依据刑法或行政法对损害受体权益的个人或组织予以追责，另一方面在民法范围以内，对于如期待利益受损、最佳治疗机会受损等情况，待移植受体应当具有损害赔偿请求权。

在人体器官移植过程中，器官移植法律关系的主体不仅包含供体、受体及医疗机构三方，还涉及分配机构、监督机构等多方主体。由于该医疗行为本身所具有的特殊性和主体构成的复杂性，而且其分配、运输、手术实施等过程专业而烦琐，导致该类手术极易发生对有关人员的侵害。一旦操作不当或出现侵权行为，可能对待移植受体造成不可挽回的损害。同时，医疗机构、器官分配机构及监督机构等主体作为专业机构，对于信息、资源的占有和对技术、医疗设备条件的掌握及知悉程度无疑都占有明显的优势地位，这种地位的不匹配使得器官移植中的待移植受体易成为侵权行为的侵害对象。因此，需要针对器官待移植受体建立相应的救济机制，使待移植受体在等待分配与移植的过程中遭受不平等的对待及伤害时能够通过法律手段寻求救济。

一方面，待移植受体可能存在期待利益受损的情况。从医疗机构接收治疗待移植受体时起，待移植受体便作为接受医疗机构救治的患者，与医疗机构之间建立起一种医患关系，医疗机构就此承担起治疗疾病、挽救生命、恢复患者健康的救治义务。而实施人体器官移植，则是在医疗机构确定该病患由于器官发生病变或损伤无法起到正常作用之后所作出的诊断。病人及其家属基于医生的诊断着手器官移植的各方面准备，便产生期待利益，即希望通过治疗获得痊愈或康复的预期。而如果由于医疗机构在受体信息录入、转移器官或术前准备中的过失，造成病人未获得本应获得的移植机会，待移植受体及其家属可以向医疗机构要求赔偿其因期待利益受损而导致的经济损失和精神损失。

另一方面，由于器官移植手术本身具有极为严格的时效性，从供体摘除器官开始的耗时便以分秒计算，若由于医院过失而导致移植器官未能按时送抵受体，错过最佳治疗机会的，待移植受体及其家属同样可以向医疗机构主张损害赔偿。

由于待移植受体在器官移植过程中遭受的侵权行为大多表现为对其人身权的侵害，待移植受体可以通过行政救济、仲裁及损害赔偿诉讼等方式来获得对自身合法权益受损的救济和补偿。

一、保险救济

这里所说的保险有别于医疗保险，是因患者需进行器官移植手术，与医疗机构、保险公司共同建立法律关系的商业保险行为，即受体作为投保人，根据合同约定向保险公司支付一定的保险费，并由保险公司对于合同约定的可能发生的医疗事故所造成的财产损失承担赔偿保险金责任。

建立器官移植保险救济十分必要。从经济层面看，通过保险行为可以分摊器官移植过程中可能发生的意外事故造成的损失；从法律层面看，保险是受到法律保护的合同安排；从社会层面看，保险行为作为社会经济保障制度的重要组成部分，对器官移植手术的介入可以起到社会保障作用。总之，建立器官移植保险救济可以从总体上降低器官移植的赔偿风险。

在我国，利用保险对待移植受体的赔偿请求权给予补充应当与整个社会发展相对应。它有两个基本前提：其一是我国保险业及相关业务足够完善，其行业水平、业务能力、企业实力、业界共识等达到能够支持其在器官移植领域开展相关业务的高度；其二是我国对于保险及其相关业务的立法程度，达到能够制约、维护其在器官移植领域顺利开展的程度。目前，在我国这两项条件都尚不完善，尽快提高器官移植保险救济的业务水平，提高立法保障，是保险业和法律界共同面临的课题。

二、物性赔偿

对于器官移植中发生的侵权对受体及其亲属所带来的肉体和精神上的伤害，权利人可以行使人身损害赔偿请求权，通过获得物性赔偿的方式弥补其损失，而物性赔偿又可分为直接损失的赔偿和间接损失的赔偿。

（一）直接损失

在器官移植过程中，所谓直接损失，是指因医疗机构的医疗行为对受体造成损害，致使产生额外的医疗费用、护理费用等直接支出的费用损失。直接损失的本质是指不应当减少的财产所产生的减损，对于待移植受体而言，在器官移植及等待移植的过程中，花费了大量的医疗、护理等费用，同时可能产生因医疗而导致的生活支出等费用的增加，这些费用都属于为器官移植而直接投入并减少的财产。当由于医疗机构的原因导致器官无法用于受体或无法对受体起到应有的作用时，在医患关系中视为因医方失误造成的治疗过程未完成，上述所有的财产减少即成为不应当产生的减损。从损害赔偿的角度看，这种损失能且在一定程度内只能够通过货币尺度进行衡量，这也是对于人身损害可量化计量的一种损失补偿方式。针对上述直接损失，应当对可计财产予以全额赔偿，包括受体为器官移植所付的额外医疗费用，因病情加重或扩大而支出的额外费用，因医疗机构的过失医疗行为致使患者病情加重或扩大所造成的人身损害赔偿，因医疗机构过失致残所需的残疾用具费用、护理费、营养费、交通费，以及因医疗机构过失造成器官移植或等待器官移植过程中受体死亡的丧葬费等费用。[①]

（二）间接损失

在器官移植过程中，所谓间接损失，是指“由于侵权行为使受害人本可获得的预期收益的减损”。[②] 间接损失的索偿前提是，其与侵权行为之间必须具有因果关系。在法国的侵权法中有关于“机会损失”的规定，与此处所提到的间接损失本质相同，都是由确定性原因引起的不确定性的损失，即若不发生侵权行为，受害人就可以获得该利益。间接损失是对未来利益的一种预期受损，在侵权行为实际发生时并没有实际存在，因此对于未来将要丧失的利益的索赔不能单凭假设，必须具有实质依据证明该利益在未来必然存在，且是因为侵权行为而使之减损。同时，对于利益的定义需要限定在一定范围之内，并通过针对器官移植的立法科学、统一、明确地列出。

根据《中华人民共和国民法通则》第一百一十九条、《最高人民法院关于审理人身损害赔偿案件适用法律若干问题的解释》第十七条的规定，结合对器官移植的立法研究，笔者认为，在器官移植的侵权损害赔偿中可以被列为间接损失的包括：因移植失败所导致的额外医疗期内的误工费及后续治疗所产生的医疗费用，因移植失败致残的残疾赔偿金（这里的赔偿金与直接损失中的残疾用具等费用不

① 陈丹：《人体器官移植侵权责任研究》，重庆大学2009年硕士学位论文。

② 参见张新宝：《中国侵权行为法》，中国社会科学出版社1998年版，第58页。

同，是指因移植失败致残而导致的受体丧失部分或全部劳动能力所造成的未来收入的减损），因移植失败致死的死亡赔偿金（与直接损失中受体死亡的丧葬费相区别，指因移植失败致死而导致的受体余年寿命内收入的损失①）。

三、精神损失及伦理道德损失赔偿

在器官移植中可能发生的侵权行为大多会造成人身损害，易给受体及其家属带来如忧虑、愤怒、悲伤等不良情绪和诸多精神上的痛苦，影响受体及其家属的工作与生活，甚至进一步带来其他人身伤害，且精神损伤在物理上和生理上都是不可逆的，因此对于精神损害应当给予必要的赔偿。相对而言，无论是前面提到的保险救济还是物性赔偿，其原则与内容形式都与一般医疗赔偿较为相似，可以根据《中华人民共和国民法通则》《中华人民共和国侵权责任法》有关条款予以对照适用。然而，器官移植中出现的精神损害相较于其他医疗类损害而言，有其特殊性和极大的不确定性，其中之一便体现在器官移植的侵权行为可能给受体带来的后续创伤及病痛远大于其因器官缺失而遭受的伤害，从而在精神上极大地伤害移植受体及其家属。

对精神损害进行赔偿的实质依然是对精神损害进行等量物化，最终以精神损害抚慰金等物性赔偿形式实现救济。在立法上，对于以物性赔偿弥补精神损害也同样是支持的。根据 2001 年 3 月 8 日发

① 陈现杰：《残疾赔偿金、死亡赔偿金的若干法律问题析解》，载《民事审判指导与参考》（总第 17 辑），法律出版社 2004 年版，第 36—94 页。

布的《最高人民法院关于确定民事侵权精神损害赔偿责任若干问题的解答》第一条的规定，自然人的生命权、健康权、身体权、姓名权、肖像权、名誉权、荣誉权、人格尊严权、人身自由权这些人格权利，遭受非法侵害时，可以依法请求精神损害赔偿。该规定便是我国处理精神损害赔偿的重要法律依据。

关于器官移植中的精神损害抚慰金的计算方法，可以参照我国于 2002 年 9 月 1 日起施行的《医疗事故处理条例》第五十条的规定予以执行，其中对精神损害抚慰金的计算方法进行了明确规定："按照医疗事故发生地居民年平均生活费计算。造成患者死亡的，赔偿年限最长不超过 6 年；造成患者残疾的，赔偿年限最长不超过 3 年。"而该问题反映在司法实践中，则应根据具体案件情况、人身损害及其他损害后果的严重程度、医疗机构的过错程度、经济发展状况、我国国情等各方面因素考虑，予以科学适用，以真正起到抚慰受体及其家属的目的。

现阶段器官移植中出现损害的特殊性和不确定性，不仅表现在其对于受体及其家属在精神上带来的损害，随着全脸、性器官、头颅等移植技术的出现和发展，器官移植手术中所特有的"伦理道德特性"已经越来越明显，器官移植对伦理道德的挑战已经远远超过其他学科。因此，无论该器官移植手术是否带有试验性，身处其中等待接受移植的患者及其家属都承受着保全生命健康和维护伦理道德两方面矛盾的压力。而如果由于医疗机构的过失，不仅没有减轻病患伦理道德方面的压力，反而因各种原因导致受体及其家属产生心理道德障碍，将会给病患及其家庭带来难以弥补的伦理道德损失。

伦理道德损失主要表现为人身权受损，包括具体人格权及一般人格权的损害、身份权的损害等，这一范围还将会随着医学对器官移植领域的探索、拓展而逐步扩大。因此，病患在器官移植过程中可能遭受人身损害的同时，还面临着巨大的伦理道德伤害风险。比起精神损失，伦理道德损失更加抽象，也更加难以量化。在我国既有的法律法规、司法解释中，几乎没有对伦理道德损失进行界定及补偿的规定，也绝少将权益维护和索偿范围升华到伦理道德的高度。因此，在器官移植立法中对伦理道德损失的讨论将是开创性的，并且将会为医事甚至其他领域的立法起到标杆和指导作用。

从立法技术上看，对伦理道德损失依旧只能够通过等量代换的形式进行物性赔偿，但是由于其难以举证及定量衡量，宜在具体赔偿金的计算中参照精神损害赔偿数额，成比例对应。而随着器官移植种目的增加，应根据具体案件情况、人身及精神损害的严重程度、医疗机构的过错程度、我国基本国情及民众普遍道德接受程度等各方面因素考虑，科学计算伦理道德损失补偿金。

第四节　不合法移植后的处置权

所谓不合法器官移植，是指与器官移植密切相关的，违反人类道德、器官移植的基本原则以及相关法律规定，具有严重社会危害性的行为。在器官不合法移植的法律关系中，供体、受体及医疗机构，甚至第三方分配机构及监督机构，都有可能成为不合法移植关系的主体。[①]

① 孟一姝：《人体器官移植的刑法问题研究》，山东大学2009年硕士学位论文。

对于供体而言，存在供体在不知情的情况下或被以欺诈等手段强行获取其器官用于非法移植的情况，也存在供体以利益交换的形式将其器官出卖给中介机构或医疗机构的情形；对于受体而言，存在在未被医疗机构告知的情况下参与医疗机构出于某种目的所进行的不合法器官移植医疗试验的可能，也存在其为了延续生命、保证自身的生命健康权，以高价收买中介机构或医疗机构而获得非法途径的器官，或买通第三方分配机构的人员及监督机构的人员，通过不公平、不正当、不合法的手段优先获得器官移植的情况。而在供体、受体及医疗机构三者之中，器官移植手术本身的专业与技术要求决定了医疗机构及其医务人员在此过程中起到核心作用，通过非法“地下市场”买卖交易或犯罪行为获取的非法人体器官，没有医疗机构的参与，无法顺利自供体摘取，并移植到受体身上。[①] 因此，对参与人员进行处罚的重点也集中在针对医疗机构和医务人员的处罚上。关于刑事责任的部分不在此多做讨论，对于医疗机构及医务人员的赔偿责任前文已有所涉及，接下来的关键便是针对不合法移植后器官的处置权问题的讨论。

摘取后的器官具有极强的时效性，器官摘取过程具有不可逆性（或称永久损伤性），移植器官还具有兼容要求和不排斥条件，同时在我国移植器官还具有极为稀缺的特点，摘取后的器官不能够单纯地将其物化并作为物品进行归还或没收，而是需要对其归属权和分配予以重新审视。笔者将所谓不合法器官移植的具体情况定义为三

① 龚波：《论非法器官移植中医院的法律责任》，载《法制与社会》2013年第5期，第274页。

类：来源不合法、性质不合法、分配不合法，并分别针对不合法器官移植既遂和未遂两种情况进行讨论，对于处置对象也分为法律主体和器官本身两者予以讨论，以此细化对于不合法移植器官的处置方法，给予不合法移植器官处置立法一定的参考，使相关立法在保证公平、公正的同时，兼顾移植器官的特殊性，最大化移植器官的使用效能。

一、已完成的不合法器官移植

不合法器官移植既遂是针对器官移植过程已经完成的情况，但移植器官可能存在来源不合法、性质不合法或分配不合法等情形，导致受体权利或其他受体的平等受益权受到损害。

针对这种情况，笔者认为，所应遵循的基本原则为：已经植入受体体内的器官便是受体身体的一部分，即成为器官受体身体权的客体。以此为基础，则任何人不得再以任何理由对该器官主张权利，否则将不具有正当性。由于人身权是专属权利，只能由本人享有及行使，无论是通过正当途径进行捐献的供体或通过不正当途径被摘取器官的供体，都不能对脱离自己身体并已经成为他人身体组成部分的器官行使权利。根据该原则，对不同情况的不合法器官移植既遂分别以如下方式处置。

（一）来源不合法

来源不合法是指供体及其器官并未在统一分配平台登记，或并未在相关医疗机构履行供体的自愿捐献同意程序，或医疗机构通过不合法渠道获得未知来源的器官提供给待移植受体，抑或待移植受体及其家人通过中介机构获取未知来源器官等情况。

在器官移植已实际完成的情况下，考虑到器官的稀缺性以及受体本身对于器官的需要，同时考虑到器官移植再摘除后便无法重新起到作用，且器官已成为受体身体的组成部分，对器官不予摘除返还；而对于违法人员则需要进行追责，对于参与不合法移植的医疗机构追究其民事责任，若其同时参与非法器官的获取则需追究其刑事责任；对于主动提供器官的供体同样需要追究其责任；对于器官受体及其亲属，视是否知情及是否主动寻求并参与买卖非法器官决定是否予以追责。

（二）性质不合法

性质不合法是指医疗机构为其科研需要或其他利益驱使，未告知受体所采用的器官属性及来源，造成对受体知情权及人身权的侵害，同时违背我国器官移植的试验性原则和分配原则的情况。例如，医疗机构将试验性动物器官应用于受体，但并未对受体进行完全告知，甚至刻意隐瞒，均属于上述范畴。

在器官移植实际完成的情况下，笔者认为，针对这类器官的处理应遵循“功能性导向”和“受体自愿”的原则，即一方面考察该类试验性器官是否起到器官移植手术应有的功能与效果；另一方面尊重受体，考察受体是否愿意接受该具有功能但不符合其性质要求的器官。若两方面均符合，则器官不予摘除；若有其一不符合，则医疗机构有义务为受体摘除该性质不合法器官，并给予受体由此产生的所有物性赔偿、精神损失及伦理道德损失赔偿，同时追究医疗机构违反科学伦理、违反试验性原则、违反分配原则的相应责任。

（三）分配不合法

分配不合法是指针对分配系统中有据可查的合法移植器官，在分配过程中由于医疗机构、第三方分配机构或监督机构的违法行为所造成的分配排序不公平，使得本应排位在后的待移植受体优先获得该合法器官的情况。

在这种情况下，若器官移植已实际完成，同样考虑到器官已成为受体身体的组成部分而不予摘除处置，而对参与这一过程并导致非法分配的所有机构、人员予以追责，对器官受体及其亲属同样视是否知情决定是否予以追责。

二、未完成的不合法器官移植

不合法器官移植未遂是针对器官移植过程尚处未完成阶段便被查处的情况，所移植器官可能存在来源不合法、性质不合法或分配不合法等情形而导致受体权利或其他受体的平等受益权受到损害。在这种情况下，器官尚未移植到受体体内，由于器官移植非法，受体并不能成为该器官的首选移植对象。

从器官状态而言，此时待移植器官可能处于两种状态：一种状态是其尚未从器官供体身体中摘除，或未脱离长期供养的活性状态，在这种状态下，对于不合法移植器官的处理方式便是及时制止违法摘除的行为及过程，并按照前述的立法原则对相关责任人进行追责；而另一种状态则是器官已经从供体身体中摘除，正在运往受体所在医疗机构的途中，或正处在手术过程中准备移植到受体体内。根据对器官移植科学条件的研究可知，移植器官具有极强的时效性，这种情况下其处置时间极短，必须在器官尚未失效前予以处理，否则一旦器官失去活性将造成稀缺资源的浪费，这便对该情况下的器官处置提出极大的挑战。如何在不浪费器官的前提下保证器官移植的合法性，是针对该情况进行制度设计的重点，也最能够体现我国立法原则的倾向性。

总体来说，在非法移植器官未进入待移植受体体内的时候，其占有权及使用权均属于器官供体。无论供体对于器官是主动提供还是被动摘除，在这种情况下，供体意愿优先的原则都无法改变。因此，无论该非法器官移植属于哪种不合法，也无论供体在此过程中是否存在违法行为，供体对于自身器官的处置权及处置意愿永远摆在首位。

（一）来源不合法

基于以上"供体意愿优先"的原则，在非法器官移植未遂的情况下，需要对具体问题进行具体分析。笔者认为，若在该器官有效移植时间内无法追查到供体来源，则执法机关可以在第三方的监督认证下同意医疗机构对受体完成该器官的移植手术，但此过程必须在执法机关及第三方的监督下共同进行，手术结束后依旧需要对涉及非法器官移植的主要负责机构及负责人进行追责；若在该器官有效移植时间内能够追查到供体来源，则无论能否在有效时间内将器官送还给供体，此时待接受非法器官移植的受体都不再享有该器官的占有权及使用权。

需要强调的是，对于供体无行为能力或无法表达意愿甚至死亡的情况，笔者认为其直系亲属享有处置该非法器官的权利，遵循"供体意愿优先"的原则，若供体及其家人此时表示愿意将器官赠与受体，则可以由医疗机构在执法机关及第三方监督认证的条件下为受体进行器官移植，虽然这种情况仅属于个例，但是对该类个案的处理方式依旧是以“供体意愿优先”为原则的合理的处置选择。

在决定了对器官的处置后，对于参与不合法移植的医疗机构及违法人员需要追责，若供体属主动提供器官的，无论意愿如何，同样需要追究其责任。针对器官受体及其亲属，视是否知情及是否主动寻求并参与买卖非法器官决定是否予以追责。

（二）性质不合法

根据前文中对性质不合法的定义，性质不合法的非法器官并非全部出自自然人供体，因此对于该类非法器官的处理按照是否来源于自然人供体而区别对待。在器官来源于自然人供体的情况下，依然需要遵循上述“供体意愿优先”的原则，对其处理方式参照器官移植未遂的“来源不合法”情况下的器官处置方法。而当器官非来源于自然人供体，如来源于动物、人工合成或属于其他试验性性质，则在其非法性被查处而器官尚未移植的情况下，不遵循前文中移植既遂情况下所提到的“功能性导向”和“受体自愿”的原则。其原因是在非法器官移植过程未遂的前提下，对于未被分配机构及监督机构承认的器官，在法律上无法保证其功能性的实现及安全性。此时受体在法律上并不满足再行移植该器官的程序及条件，即使此时医疗机构与受体方达成共识，为挽救受体方生命，双方都对该器官的性质予以认可，但在法律及程序上，该器官无法保证受体未来的安全，也不受任何法律及法规的保护，因此应对性质不合法的且未完成移植的器官予以扣留及回收。

在对器官进行处置之后，参与不合法移植的医疗机构有义务为受体治疗一切因待移植而造成的人身损害，并给予受体由此产生的一切物性赔偿、精神损失及伦理道德损失赔偿，也同样要追究医疗机构违反科学伦理、违反试验性原则、违反分配原则的相应责任。

（三）分配不合法

在不合法器官移植未遂且分配不合法的情况下，同样需要遵循“供体意愿优先”的原则，针对不同情况进行处置。

若在该器官有效移植时间内能够追查到供体来源，在这种情况下接受非法器官移植的受体不再享有该器官的占有权及使用权，因此应首先按照“供体意愿优先”的原则在有效时间内将器官送还给供体，或由供体决定是否将该器官进行捐献或进行其他处置。

若在该器官有效移植时间内无法追查到供体，则笔者认为执法机构可以在第三方监督认证的情况下在有限时间内根据分配系统的排序寻找优先待移植受体进行器官移植手术，即在供体意愿无法保证的条件下，首先遵从排序原则；其次若在排序首位的待移植受体无法在规定时间内到达指定区域，则顺位通知在可达区域内最优先的待移植受体，即在排序原则无法保证的情况下，遵循地域优先原则；最后若该待移植器官的活性无法保证等待按以上原则的待移植患者接受移植，才能考虑同意医疗机构对该分配不合法的待移植受体完成该器官的移植手术。同样，此过程须在执法机构及第三方的共同监督下进行，手术结束后依旧需要对涉及非法器官移植的主要负责机构及负责人进行追责。

此处要补充的是，虽然本书中笔者对于待移植非法器官提出了可继续手术植入受体体内以实现其价值的建议，但这种处置方式针对的仅是受体所处移植环境为正规且具备器官移植手术资质的医疗机构的情况。

另外，受体在移植供体器官的情况下，由于身体出现排斥反应或移植手术达不到预期疗效，欲切除或转赠该移植器官时，无论前一器官移植手术是否合法，基于行使其人身权的自由，该受体有权再切除该器官并将其作为捐献器官转赠他人。在这种情况下，原供体对该器官的占有权、使用权及优先受让权的主张均不能成立。此时原先的受体从身份及法律权益方面对调为供体，其所捐献器官的分配及受体选择应借助分配系统重新按照器官移植分配的各项原则完成。

三、处置不合法器官的法律依据

针对以上在医疗实践中不合法器官移植的处置问题，可以总结为手段不合法与结果不合法之间关系的研究。我国法律认为，民事行为有效的基本条件应该是不违反社会公德、合法性及社会公共利益。根据《中华人民共和国民法通则》第五十八条的规定，违反法律或社会公共利益的行为被视为无效民事行为。从这一定义看，不合法的器官移植的确属于一种无效的民事行为。然而，由于器官移植在医学和法律上的特殊性以及器官无法被物化的属性，对不合法器官移植是否适用《中华人民共和国民法通则》有关财产权的规定存有争议。

若按照《中华人民共和国民法通则》有关财产权的规定，那么对既成的不合法器官移植，应责令受体摘除并返还器官，同时赔偿因此对供体造成的损失，而对既成的不合法的尸体器官移植，则应摘除器官收归国家或医疗单位所有。这显然不适应现阶段器官供给小于需求的国情，并且造成稀缺资源的极大浪费。而摘除已经移植到受体身上用以维系生命的器官并将其予以没收或收归国有，从伦理道德上看，也违背了以人为本的社会原则和治病救人的医疗原则。

因此，笔者认为，不合法的器官移植更适宜被视为一种特殊的无效民事行为，其并不必然产生民事行为无效的一般法律后果，不能照本宣科地适用《中华人民共和国民法通则》有关财产权的规定，因为《中华人民共和国民法通则》中第六十一条关于无效民事行为法律后果的规定是以动产附合于不动产时，由不动产获得，动产附合于动产时，由价值大者获得，但对原动产所有者应当补偿其损失这一添附制度为基础的。而器官移植的性质应属于动产附合于人身，不同于添附制度的任何一种情况。当脱离人体的器官再次植入人体并变成人体的组成部分后，该器官的人身权价值便大于物权的价值。[①]因此，应该更加看重对器官受体人身权利的保护。当然，“不合法地移植入人体后的器官归受体所有”的原则并非变相鼓励器官买卖，对于实施不合法器官移植的责任人应追究其相应的民事或刑事责任，亦是禁止不合法移植、申明立法态度的关键。

第五节　瑕疵器官移植的损害赔偿请求权

瑕疵器官，是指供体捐献的携带病毒、存在缺陷或有其他不利于甚或严重有害于受体恢复身体健康以致达不到理想移植效果的器

---

① 彭志刚、许晓娟：《器官移植受益人的权利保护及其限制》，载《法商研究》2007年第3期，第73-78页。

官。[1]例如，器官捐献者是携带 HIV 病毒的艾滋病感染者，或狂犬病病毒感染者，或所捐献的是先天发育不良的器官，抑或所捐献的器官与受体所需要的配型不符。在这些情况下，捐献者所捐献的器官就属于瑕疵器官。

器官供体本身携带有病毒、隐性生理缺陷、基因缺陷或其他各种潜在的有害因素，通过器官移植进入受体体内后，可能会给受体身体健康造成严重影响，达不到移植的预期效果，甚至使受体感染其他恶性疾病。[2]这种情况下反而会对受体生命健康造成更为严重的损害，甚至会使其丧失生命。司法实践中，瑕疵器官移植将引发损害赔偿纠纷案件，并产生损害赔偿归责问题。在不少器官移植技术发展较快的欧美国家，如意大利、德国、美国等，都出现过受体因接受器官移植而不幸感染艾滋病、狂犬病、鼠疫等各类传染性疾病的报道。2011 年 8 月，我国台湾地区也发生过一例由于医疗机构的失误将携带艾滋病病毒的供体器官误移植给五名受体的重大医疗事故。[3]另外，随着人体器官非法商业化交易在各国频发，瑕疵器官移植导致受体生命健康遭受损害的情况也将越来越多。人体器官的非法交易过程中，人体器官的提供者致力于追求通过交易获得高额利益，往往会故意隐瞒供体的遗传病史，这使得人体器官的非法交易成为瑕疵器官移植屡屡发生的一个重要原因。

---

① 刘长秋:《论瑕疵器官移植的损害赔偿责任》，载《北方法学》2013 年第 2 期，第 39-44 页。

② 刘长秋:《论瑕疵器官移植的损害赔偿责任》，载《北方法学》2013 年第 2 期，第 39-44 页。

③ 顾旻轶:《台湾感控踟蹰路》，载《中国医院院长》2011 年第 19 期，第 52-55 页。

受体接受了供体提供的有瑕疵的器官，导致其健康状况产生进一步恶化甚至死亡时，应当由谁来承担赔偿责任，对这一问题在法学界观点不一。目前，法学界大多比较认同“医疗特殊责任说”（又称为“专家责任说”）。所谓“医疗特殊责任说”，是以传统的民事归责理论为基点，认为应当依据过错责任原则来确定瑕疵器官移植的损害赔偿责任问题。过错责任原则是站在行为人的角度考量，所探究的是行为人对他人造成损害的行为是否符合某种程度的行为模式。[①] 其实质是法律对行为人提出“与行为人同样态的人”或“理性人”所能达到的注意义务要求，而行为人的行为却没有满足这种要求，以致获得一种否定性的法律评价。因此对于瑕疵器官移植的损害赔偿责任问题，应由从事器官移植的医院承担损害赔偿责任。

器官移植作为一种非常专业的医疗活动，对实施者有着特别的要求，要求医疗机构客观上尽到“理性人”的注意义务，即医疗机构应当在实施器官移植之前对移植器官的状况进行必要的技术检测，以确认该器官是否具有瑕疵。如果医疗机构并未妥善履行这一义务，无论出于何种理由，对这一结果的出现均存在主观上的过错。以此为基点，“医疗特殊责任说”认为，由于移植瑕疵器官而导致受体生命健康权受损的，应当由医疗机构承担损害赔偿责任。[②]

医疗实践中还存在一种情况，即供体所捐献的器官原本并不存在瑕疵，但移植到受体体内的器官却是瑕疵器官。笔者认为，这种

---

① 胡艳香：《严格责任与过错责任之关系论》，载《社会科学家》2007 年第 2 期，第 85 页。

② 彭志刚、许晓娟：《器官移植受益人的权利保护及其限制》，载《法商研究》2007 年第 3 期，第 75 页。

情况同样应该由医疗机构承担损害赔偿责任。分析这一问题需要研究导致这种情况出现的多种原因：其一，在医生摘取供体器官时，可能由于不规范或技术失误等，导致原先良好的器官出现瑕疵；其二，在摘取器官成功后，也可能由于在器官尚未植入受体体内期间，医疗机构保管不慎导致器官出现瑕疵；其三，器官捐献者捐献的器官是完好的器官，但在具体实施移植的过程中，医疗机构或医生有意调包或由于疏忽而错拿，结果导致其他人捐献的有瑕疵器官或与受体配型不符的器官被植入受体体内，致使受体健康状况进一步恶化甚至死亡。无论以上哪种情况，其问题都是由于医疗机构存在明显的过错，未尽到其应尽到的诊疗义务所导致，因此根据过错责任原则，应当由医疗机构对因受体接受瑕疵器官移植而遭受的损害承担赔偿责任。①

有效避免瑕疵器官移植的主要途径在于加强器官移植中的诊疗规范，严格执行检测程序，提高器官摘取及移植的技术水平。另外，应建立移植器官运输的绿色通道，既可以减少宝贵的器官资源在运输过程中受到损害的可能性，也不让任何一个可移植的器官浪费。在目前器官供体严重不足的情况下，移植器官的绿色通道显得格外重要。

根据全国人大代表、著名肺移植专家陈静瑜曾公布的数据，2014 年全国共有 1699 名心脑死亡病人选择了器官捐献，成功应用了 4548 个器官。一个供者理论上应有 8 个器官可以利用，但目前我国仅用了 2.5 个器官，许多心、肺器官均浪费了，其中一个重要原因正

---

① 刘长秋：《论瑕疵器官移植的损害赔偿责任》，载《北方法学》2013 年第 2 期，第 39-44 页。

是器官无法快速转运。[①] 所以陈静瑜在第十二届全国人大三次会议召开之际就此提交议案，建议开通民航转运器官的绿色通道。

2016年，中国民用航空局通过印发《关于进一步做好特殊航空运输服务工作的通知》等相关文件，要求各个航空公司、机场公司完善针对器官移植运输过程的相关流程，提供便捷、顺畅、高效的运输服务。[②] 目前，已有航空公司着手落实配合器官转运的具体流程。对此，笔者建议应以部门规章及行业规范的形式对器官转运绿色通道的保障细则加以明确，真正做到有据可依。

第六节 人工器官移植中的权利保护

随着克隆技术的诞生及发展，脱离活体移植的器官来源在技术上成为可能，利用人体干细胞培育对应的人工器官作为器官移植的主要来源已成为当今医学发展的主流。由于干细胞可以分化成多种细胞，同时3D打印技术在全世界兴起，甚至使得利用干细胞实施"打印器官"成为可能。这种所谓"生物3D打印技术"是以加工细胞等活性材料为内容，通过3D打印的途径，用以重建人体组织和器官的跨学科新型再生医学工程。2000年，美国克莱姆森大学教授托马斯·博兰提出"生物3D打印"的概念。2014年在中国广州

① 《"与时间赛跑，跟死亡对抗"——"救命"的移植器官何时不耽误在路上》，载《四川日报》2015年10月13日。

② 参见《关于进一步做好特殊航空运输服务工作的通知》（局发明电〔2016〕450号）。

出现中国首个生物3D打印的软组织植入产品——人工硬脑膜“睿膜”。[①]然而，这些成果也带来了在人造器官移植中有关人体试验可能出现的纠纷及问题，具体问题可分为法律层面的问题及道德因素引起的问题。

一、法律权利边界

相较于人体捐献器官有明确的供体、在移植前供体对其享有权利、不能被定义为商品的特性，人工器官缺少明确的供体作为法律主体，且是由科研机构或医疗单位制作的，这便很容易让人联想到人工器官是可以继承“产品”甚至“商品”的法律属性的。取自人体的器官不能定性为商品，否则将违背禁止人体器官买卖的规定。而现阶段人工器官主要基于克隆技术、转基因技术以及跨物种的异种动物器官移植技术，一旦器官来源为非自然人，且能够根据待移植器官受体的具体情况特制对应的人工器官，其性质便符合“产品”甚至“医疗商品”的属性，对其法律权利的保护可以按照商品的性质进行套用。

但是，在现阶段的技术水平条件下，尚无十分完善且能够解决共性问题的成熟的人工器官产品产生，大部分所谓人工器官依然处于人体试验阶段，其使用安全性、安全周期、使用周期及注意事项均处于非确定状态，还远未达到成为能够通用的“产品”并大范围推广的阶段，因此这是其“商品”性质存疑之处。通常从事人工器

① 《人体器官可“打印”》，载《外滩画报》2014年12月4日。

官人体试验的医疗机构或科研机构都会和参与试验的待移植受体签订专门的协议，说明风险性及责任范围，避免纠纷，这也是现在人工器官未商品化阶段对涉及人体试验的人工器官法律问题进行界定的主要方法。

而当人工器官达到批量生产的标准，能够以“商品”属性投入医疗应用时，若因其存在瑕疵或被污染所带来的受体移植失败或二次损伤，有人认为可以依照《中华人民共和国消费者权益保护法》中对于“因商品缺陷造成人身、财产损害”之严格责任规定，在人工器官的安全性达不到受体合理预期时，针对人工器官的该类诉讼可被提起。此处又涉及界定移植安全性的问题，而该问题仅依靠法律层面无法界定，需要医学、法学、伦理学、社会学等各个学科及社会分工共同界定。

与此同时，人工器官又无法完全按照“商品”性质对其法律性质进行套用。例如，《中华人民共和国消费者权益保护法》中规定生产者对商品缺陷造成的损害承担责任，生产者应当包括工厂、原料生产和加工之人，而参与人工器官开发、生产及科研的人员以及实施器官移植手术的医务人员能否归类于此，值得商榷。这些都需要在立法中单独对其进行规制。

二、伦理道德权利边界

人工器官的研究所引起的更深层次的争议在于其对于伦理道德的冲击。1952 年人类第一次克隆蝌蚪成功，1972 年完成对基因的复制，而 1997 年克隆羊多莉的诞生更是在全世界范围内引起轰动和关注。英国在 2001 年 1 月通过了《人类胚胎学法案》，成为全球第一个允许科研机构和人员进行人类胚胎克隆的国家，但其同时规定应用范围只限于治疗性克隆；同年 11 月 25 日，美国的先进细胞技术（Advanced Cell Technology）公司宣布通过克隆技术利用成人细胞培育出人类早期胚胎，而在技术上，这是复制人类的第一步。虽然该公司的初衷是“为了获得能用于治疗各种疾病的干细胞”[①]，即我们这里所提到的人工器官的构建基础，但其行为依旧引起全美甚至全世界的震惊，人们认为“潘多拉的盒子”终于被打开。

从各个方面分析，克隆人类的行为可能为全球带来一场伦理灾难。首先，其挑战了人权和人的尊严；其次，克隆人违反生物进化的自然发展规律；再次，其将扰乱正常的社会家庭伦理定位；最后，其安全性也难以确认。[②] 人工器官作为干细胞培养的产物，在伦理道德方面的争议同样存在。而接受人工器官移植的受体也同样面临可能发生的各种伦理道德的挑战。医疗机构有义务针对人工器官的出处、来源、培养方式及其可能出现的副作用向受体进行全面告知，同时还需要针对可能产生的伦理道德问题向受体进行认知教育。对于一旦产生精神损失及伦理道德损失，其追责及赔偿的立法前文中已进行论述，此处不再赘述。

① 高兆明、孙慕义：《自由与善：克隆人伦理研究》，南京师范大学出版社 2004 年版，第 68—70 页。

② 雷瑞鹏：《关于克隆技术的伦理思考》，载《华中科技大学学报（社会科学版）》2005 年第 3 期，第 119—124 页。

第四章　器官移植中医方的权利保护

在器官移植这一特殊的医疗过程中，不仅牵涉到器官捐献方、接受移植方，由于器官移植手术的高技术含量、实验性、医疗性等特点，如缺少实施器官摘取和植入手术的医疗机构，这一过程很难完成。而医方在这一过程中起到的是何种作用，处于何种法律关系，是讨论医方在器官移植中权利义务的关键。

早在 1998 年，北京某医院的一位专攻角膜移植的医学博士高某因私自摘取死者眼球成为全国首例死者眼球丢失案的被告。该案涉及的法理是器官移植问题。器官移植技术的出现和发展是医疗科学技术进步与人类社会文明发展的结果。但是，器官移植在各国的法律实践中均面临着法律和情理的矛盾冲击，且衍生出诸多法律争议。特别是尸体器官移植，由于移植本身的特有规律，有关器官捐献者的死亡判定、对生命权的尊重、器官和遗体处理及对家属知情同意权的保障等也已成为各国器官移植立法关注的重点。我国针对器官移植的相关立法中，对于涉及医方的法律关系的分析并不多，因此也就缺少对于涉医案件中复杂情况的考量，不能全面地应对器官移植领域纷繁复杂的社会需求和道德伦理的挑战。

第一节 医患法律关系

针对医方的法律定位与权利保护，首先需界定医患之间的法律关系。在法律上医患关系同买卖关系等合同关系不同，指的是医方受患方委托在对其实施治疗诊断等医疗行为过程中，受现行相关法律法规所调整而形成的法律关系，是医事相关法律所调整的包含有权利义务内容的社会关系，也是医患双方的人身关系、财产关系与医事法律形式相结合的产物。

传统观念中，患者到医院或医疗机构看病必然会产生消费，此时医患关系也应适配《中华人民共和国消费者权益保护法》中的相关规定，但是与普通的消费行为不同，医疗行为本身又带有拯救生命、维护健康的特殊性质，因此这一问题也在学术界存在争议，其观点主要分为三种。

其一，医患关系不能等同于经营者与消费者之间的服务与被服务关系，即医疗服务合同纠纷不适用《中华人民共和国消费者权益保护法》的相关规定。因为我国卫生事业是国家的社会公益事业，医院属非营利性机构，医疗行为本身以治疗为目的，且医疗收费执行政府指导价，因此患者不是纯粹意义上的“消费者”，医生的职业道德和职业责任决定了患者的生命价值与收费之间非等价交换，故认为医疗服务合同纠纷不应当适用《中华人民共和国消费者权益保护法》。

其二，健康甚至生命作为人类最基本的生活要求，在医患关系中通过消费行为换取，故可适用《中华人民共和国消费者权益保护法》。医方为患方提供医疗服务符合《中华人民共和国消费者权益保护法》第二条所规定的“消费者为生活消费需要购买、使用商品或者接受服务”，医院出售的药品和服务也属于商品，认为医疗服务合同纠纷理应受到《中华人民共和国消费者权益保护法》保护。

其三，区分医疗机构是否为营利性质，以决定是否适用《中华人民共和国消费者权益保护法》。这是基于我国有关城镇医药卫生体制改革的现状以及医疗行为市场化的现实而提出的，认为营利性医疗机构适用《中华人民共和国消费者权益保护法》，非营利性医疗机构只适用其他有关立法的专项规定。

在笔者看来，医患法律关系应被定义为一种平等自愿且有偿的民事法律关系。医患法律关系是医患双方人身关系、财产关系与医事法律形式相结合的产物，其在性质上属于民事法律关系。对于平等原则，医患主体双方在法律上享有平等的地位，作为平等的民事主体之间提供医疗服务和接受医疗服务的关系，允许医患双方平等协商。诚然，在医疗服务过程中，医方掌握医疗技术为患者提供医疗服务，患者给付金钱购买医疗服务，双方存在医疗服务合同关系的明显特征，但医患双方不存在行政上的隶属关系，在法律地位上依然是平等的。对于自愿原则，医患双方的意思表示在医患关系全过程中都是自愿的，医疗机构自愿自主地开展医疗服务项目，而患者也自愿自主地享有选择医疗机构、决定是否治疗的权利，患者与家属均享有知情同意权。对于有偿原则，医患双方是等价有偿的关系。在我国经济体制下，现有的医疗服务体系中已然形成等价交换的原则，无论营利性或非营利性的医疗机构，都会收取一定的医疗费用。在患者支付费用的前提下，医疗机构的义务与患者的权利等同，患者的义务与医疗机构的权利等同，这种权利义务的一致性符合民事法律平等自愿、等价有偿的原则。

有鉴于此，笔者认为医患之间的法律关系，在法律上应被定义为一种特殊的民事法律关系，属于民法的调整体系，原因主要有三。

第一，医患之间的医疗关系表现为契约型，但在特殊情况下又表现出非契约型的特征。非契约型的特征主要表现在医方具有强制诊疗权利，患者也相应地具有接受强制诊疗义务。[①] 除此之外，还包括医方的行政、刑事责任制度以及医疗争议的行政处理等。

第二，在医疗服务中，医疗服务合同也具有特殊性，医患双方对该合同内容达成的一致仅限于“治疗”这一抽象内容，而治疗过程中具体的权利义务内容则需要根据不同患者的特点区别定义，逐步明晰，医方也不能将明确具体的治疗措施落实在合同上，主要采用对患者及其家属口头告知甚至某些时候事后告知的形式，治疗效果也无法确切地通过合同的方式体现。正是基于医疗服务合同的这些特殊性，作为患者难以简单地套用安全权、知情权、选择权等合同权利。

第三，医疗服务本身具有风险性，合同对于无法预知的风险只能进行原则性约定，如手术前签订的“风险告知书”等，不能简单地以治疗效果作为合同是否履约的依据。

而器官移植中的医患关系又与普通的医患关系不同，是一种更为特殊的医患关系，除了考虑普通的医患关系所具有的性质外，还需要考虑器官移植这种新型医疗手段的实验性，以及在手术过程中对患者人格权等特殊权利带来的挑战。究其根本，可以认为将实验性、人格权，甚至道德标准考虑在内，是器官移植中医患关系不同于其他医患关系的特征。

① 郑大喜:《医患诚信缺失的原因及其重构策略》，载《现代医院管理》2007 年第 2 期，第 16-20 页。

第二节　器官移植中医方的权利

在传统的医患关系中，医生的权利是备受重视的，尤其是医生作为法律主体所具有的人格尊严权及其独立自主诊疗的权利，甚至在特定情况下还有特殊干涉的权利。而在器官移植中，由于手术特有的实验性及其特殊的医疗体系要求，医生在这些方面的权利也受到一定程度的制约。具体制约医方权利的，是器官移植手术的两个特性。

一是实验性。虽然器官移植手术发展至今，已经形成较为完整的技术体系，许多手术诸如眼角膜移植、皮肤移植等技术已日趋成熟，但是对于更多带有实验性的器官移植，由于技术的不成熟及法律体系的不健全，可供参考的病例数量并不多，尤其对于尚存在伦理争议的诸如全脸移植、性器官移植等医疗项目，均处于实验性阶段，器官移植技术的实验性与不成熟性决定了医方自主诊疗的权利受到制约。

二是特殊医疗体系的要求。与其他治疗手段不同，器官移植是一种特殊的医疗手段，关系供体与受体双方的权利，因此对其监管也非常严格。根据我国器官移植的相关规定，我国器官移植相关的报名登记、捐献确认、器官分配、人道救助等步骤均需经过中国人体器官捐献管理中心方可进行，且实施器官移植的医生不得参与供体死亡判定的程序，这些规定无疑对医方在器官移植中的权利进行了进一步的限制。

与此同时，在器官移植过程中，医疗机构及医生依旧保有在医疗过程中本应具有的以下几项权利。

一、人格尊严权、人身安全权

所谓人格尊严权，指的是民事主体作为“人”所应具有的最起码的社会地位，以及受到他人和社会的最基本尊重的权利。《中华人民共和国宪法》（2018 年修正）第三十八条规定：“中华人民共和国公民的人格尊严不受侵犯。禁止用任何方法对公民进行侮辱、诽谤和诬告陷害。”人格尊严权是作为“人”最起码的底线权利，也是人格权的核心权力，是民事主体对自身价值的认识与其在社会上享有的最起码的尊重的结合。[①]

而随着近年来我国医患冲突的激化，医疗机构尤其是医生在治疗过程中人格尊严权、人身安全权得不到保障的案例屡有发生，通常表现为：（1）由于医疗纠纷而引发的患者、患者家属对医务人员人格尊严以及人身安全的侵犯与伤害；（2）部分新闻媒体的不当报道导致的医务人员人格尊严的损害；（3）医疗机构管理层对医务人员人格尊严的漠视；（4）少数医务人员自身行为的缺陷，在社会上一定程度地影响了医务人员的整体形象和名誉。[②]

人格尊严权和人身安全权是医务人员自身权利中最基本的内容，然而由于社会将医疗机构置于“强势群体”位置而对其产生的偏见，使这些权利容易受到损害。因此，保障医务人员的人格尊严权、人身安全权是器官移植医患关系中不可撼动的组成部分，我国也于《中华

① 陆燕飞：《婚姻关系中单方生育权的保护》，载《法制与社会》2014 年第 30 期，第 272 页。

② 尚鹤睿、伍天章：《尊重人格尊严 保障医务人员的权利》，载《中国医学伦理学》2008 年第 1 期，第 52-54 页。

人民共和国侵权责任法》中确立了对医疗机构及其医务人员的合法权益的保护。

二、强制治疗权

强制治疗权是医疗机构在特殊情况下对患方自主权利进行的必要限制，而对于普通的医疗关系，特殊情况主要包括以下几种。

第一，患者拒绝治疗。患者作为完全行为能力人有理智自主决定，且在法律允许、医生已说明情况、不违反社会公序良俗的情况下，患者有拒绝治疗的权利。但在以下特殊情况，医生有权强制治疗：（1）若拒绝治疗将给患者带来严重后果或不可挽回的损失；（2）患者为无行为能力人或限制行为能力人；（3）患者精神或情绪处于不稳定状态；（4）患者思维及认识能力受药物影响。

第二，对于必须进行行为控制的患者，如发病期的精神病患者、艾滋病患者、麻风病患者等，医生可以行使强制治疗权。

第三，针对某些医学治疗的人体试验，医生具有强制治疗权。而器官移植治疗便属于这一范畴。通常的器官移植手术，尤其是具有实验性质且没有成功先例或可参考病例较少的，必须经过受试者（无论是器官供体或是受体）知情同意。但是，对于一些高度危险或可能致死的器官移植类医疗试验，可能需要利用某些没有得到推广且风险度极高的器官移植治疗方法进行移植治疗的，即使患者明确表示同意，如果医师通过检查认为患者身体状况不适宜试验治疗的，医生可以根据自己的判断加以干预，甚至停止或中断试验。

强制治疗权作为医疗机构及医务人员的一项法定权利，对于患方根本权益的保护以及社会公序良俗的维护具有重要意义，但是这种特殊权利也不是没有约束的，只有当患者的自主原则与生命价值原则以及社会公益原则发生矛盾时，该项权利才能加以行使。[①] 根据医疗机构的强制治疗权能否完全对抗患者或其家属的知情同意权和患者的人身自主权为标准，将强制治疗权分为以下几种。（1）绝对强制治疗权。绝对强制治疗是针对就医者患有医疗法律法规规定的特殊疾病时，必须对病人进行专门隔离治疗的一种特殊行为，是基于法律的授权而取得。（2）相对强制治疗权。与器官移植相关的强制治疗权多为相对强制治疗权。在器官移植手术过程中，可能存在的强制治疗情况有：（1）当完成器官移植手术与维护生命之间发生冲突时，医疗机构及医务人员有权采取强制治疗。例如，当所移植到受体的器官与受体机体产生排斥反应时，若执意完成器官移植手术，将危及受体的生命安全，此时医疗机构及医务人员便享有强制治疗权。（2）为了挽救生命且不能取得患者或其家属的同意时，医方必须自行采取医疗行为，即强制治疗权中的紧急处置权。

在传统的医患关系中，医疗机构及医务人员的强制治疗权中包括“强制处置尸体权和对尸体的强制解剖权”，而与传统的强制治疗权有所差异，当涉及器官移植手术及相应的法律流程时，根据现行的《人体器官移植条例》，医疗机构及医务人员显然无权对器官供体的尸体享有这一强制治疗权。

当然，根据现行《中华人民共和国执业医师法》以及《医疗机构管理条例》等法律法规，对医疗机构和医务人员的权利虽然作出了规定，但是面对急危病人的各种复杂情况并未作出详细的说明。

---

① 刘丽：《论医师的权利与义务》，载《哈尔滨医药》2014 年第 1 期，第 2–3 页。

在器官移植手术中，患方在失去意识等情况下，无法自己决定是否手术，而家属意见出现分歧时，医方未必能够根据现有法律进行及时有效的治疗。

笔者认为，虽然在现阶段针对器官移植的第三方监督作出了强制规定，但是在为医疗行为设置法律法规时，更应考虑医学科学，尤其是临危救人时的特殊性。在进行器官移植相关立法以及规定医方权利的时候，尽量以利于医学科学发挥作用为原则，这也是目前减少医患纠纷的途径之一。

第三节　器官移植中医方的义务

与医疗机构和医务人员权利相对应的，是其必须履行的义务。无论是在普通医疗中还是在器官移植的相关治疗中，医方都具有不可推卸的义务。

一、诊治义务及救助义务

作为医生，职业道德和工作内容决定了其具有诊治与救助的义务，无论是医疗机构还是医务人员，其诊治与救助义务旨在挽救被救治患者的生命和健康，保障患者生命权利，这也是《中华人民共和国侵权责任法》《中华人民共和国执业医师法》及《医疗机构管理条例》等相关规定对医疗机构及其医务人员赋予的义务，相关责任人若履行不当，将承担民事责任、行政责任，构成犯罪的还要承担刑事责任。

二、说明义务

对患者的说明义务，是指医务人员针对患者的病情、治疗手段、可能引发的后遗症等一系列情况予以说明的义务，这一义务是基于患方的知情同意权这一权利的。而基于医疗救治这一特定行为，说明义务又并非绝对的，对于说明义务的履行也需要具体情况具体分析；而细化到针对器官移植治疗的说明义务，则又需视不同的情况，对说明义务进行进一步的延伸。

第一，在说明义务中，保障患方的知情同意权是绝对的。

医疗机构和医务员履行说明义务，是对患方知情同意权的保障行为。医疗机构及其医务人员应让患者了解病情，所进行的治疗项目，可预判、不可预判的风险与注意事项，医疗并发症与意外等。

第二，在说明义务中，对患方说明情况又是相对的。

法律在规定明确说明告知的同时，也规定了应避免因告知可能对患方产生的不利后果，即医务人员应履行谨慎说明义务。所谓谨慎说明义务，是指向患方介绍病情时，应根据患方的具体情况，选择时机，以适当的方式向患方进行说明，避免对其疾病治疗和身体康复可能产生的不良影响。对于患有危及生命的严重疾病的患者，尤其是某些精神脆弱或身体状况较差的患者可暂缓告知，或不告知患方本人，而告知患方家属，根据家属意见以恰当的方式和态度说明。

第三，在说明义务中，还需要保障患方的隐私权。

医务人员在对患方进行诊疗及履行告知义务时，要注意对患方的隐私进行保护。而具体到器官移植这一领域，说明义务还应具有广泛的延伸。器官移植手术不同于其他的普通医疗手段，其所产生的影响除生理后果之外，还包括可预期以及不可预期的心理及伦理后果，因此医生的说明义务更为必要，不仅能够提高患方在器官移植和治疗过程中的地位，明确患者在治疗中并非只是作为接受器官移植治疗的客体存在，更能发挥患者的主体权利和作用，即患者在接受器官移植之前可从医师那里得到有关器官移植的风险、可能出现的心理变化、伦理问题等情况，再决定是否接受该项移植。

针对器官移植，医方说明义务的内容应包括：

1. 说明诊断及结果

大多数器官移植病人都是由于现有器官衰竭或缺失而寻求器官移植手术的帮助，医务人员在面对患方时，无论对方是器官移植的供体还是受体，都需在诊察后针对患者疾病情况以及痊愈的可能性履行说明义务；若出现转诊，医疗机构或医务人员也应向接收机构或医务人员说明。

2. 说明有无其他可替代的医疗行为

相比其他治疗方法，器官移植手术属于一种新兴的诊疗方式，许多器官移植技术尚处于试验性阶段，并非所有的器官衰竭及缺损类病症都适用器官移植手术。从医学科学的角度，在某些条件下，优先选择其他治疗手段可能更合适。因此，医务人员有详细向患方说明有无其他替代医疗行为的义务，在详细说明替代医疗行为的性质、风险等情况后，患方有自主选择医疗方案的权利，也同样有放弃器官移植医疗行为的权利。

3. 说明器官移植手术过程中的医疗行为及理由

器官移植手术本身具有高技术含量及专业性，患方在不具备专业知识的情况下往往会对医疗行为产生误解，因此医务人员有义务将整个器官移植手术中的医疗行为的性质、理由、内容、预期治疗效果、难易程度，以及对患者的侵袭范围及危险程度，用通俗易懂的方式进行说明，使患方充分了解该器官移植手术的步骤以及手术对身体可能产生的负面影响，以便作出决定。

4. 说明器官移植手术可能发生的危害及影响

器官移植在医学界属于高风险手术，其风险不仅来自极其复杂的医疗行为，也来自尚不可知的器官移植手术对患方心理及未来的生活伦理所产生的影响。因此，对于器官移植手术，医务人员除了像其他治疗方法一样对有无发生副作用的可能及发生比例、医院应对危险的设备以及医务人员的应变能力等负有说明义务，还对手术后患方可能出现的心理影响、伦理道德影响等负有说明义务。

也就是说，对于器官移植手术，医务人员不仅要对依照通常医学原则可预期的风险予以说明，还要对不可预期但可能发生的风险予以说明。

三、注意义务

所谓医务人员的注意义务，是指为了避免造成损害而加以合理注意的法定责任。简单地说，就是医务人员应合理地预见到其行为可能对患方造成人身伤害而对患方负有注意责任。医务人员的注意义务，就是在医疗行为过程中依法接受合同或委托的要求，保持小心谨慎以预见医疗行为的结果，避免损害发生的义务。

注意义务的前提是危险的可预见性，如果按照一般医学常识对医疗过程中的危险可以预见，则医务人员有预见义务，如果预见结果可能发生，而未采取恰当的回避手段，就可能构成注意义务的违反。而对于器官移植手术，其可预见范围内的危害和损害的发生同样适用注意义务。

器官移植手术作为一种尚未成熟的技术，其过程中也充斥着大量的发展风险，即鉴于现有科学和认识的局限性而不能预见的风险。因此，在器官移植医疗行为中，对于医务人员的注意义务仅能规范在客观医疗水平标准以内的范围，医疗水平应以通常器官移植手术医务人员的正当技术水平及知识范畴而非以医学水平作为注意义务的标准。

第四节　医患法律关系中患方的义务

虽然在本书中已分别对器官移植的供体和受体的权利进行了详细的讨论，但是在医患关系中，患方的义务是相对医方的权利而言的，是将器官移植的供体与受体结合起来，共同作为患方讨论其在医疗关系中相对于医方的具有共性的义务。

根据我国《人体器官移植条例》，公民生前表示不同意捐献其人体器官的，任何组织或者个人不得捐献、摘取该公民的人体器官；公民生前未表示不同意捐献其人体器官的，该公民死亡后，其配偶、成年子女、父母可以以书面形式共同表示同意捐献该公民人体器官的意愿；任何组织或者个人不得摘取未满18周岁公民的活体器官用于移植。对于尸体器官的摘取和使用，《人体器官移植条例》中也规定，摘取尸体器官，应当在依法判定尸体器官捐献人死亡后进行；从事人体器官移植的医务人员不得参与捐献人的死亡判定；应当尊重死者的尊严；对摘取器官完毕的尸体，应当进行符合伦理原则的医学处理，除用于移植的器官以外，应当恢复尸体原貌；在摘取活体器官前或者尸体器官捐献人死亡前，负责人体器官移植的执业医师应当向所在医疗机构的人体器官移植技术临床应用与伦理委员会提出摘取人体器官审查申请等。

作为患方，相对医方而言，除了享受自己的权利之外，同样需要履行相应的义务。

一、配合治疗的义务

医疗活动作为医疗机构及医务人员与患方间意思表示趋于一致的一种法律行为，医方和患方处于协力关系，患者应当积极配合医务人员的诊疗，力求治疗效果达到最佳，因此也将此种协力定义为患方的一种义务。《中华人民共和国民法通则》第一百三十一条规定："受害人对于损害的发生也有过错的，可以减轻侵害人的民事责任。"基于患方配合治疗义务的不履行，在医患矛盾中也可能出现过失相抵。

另外，对于器官移植手术，患方还需履行如实说明自己身体状况以及器官状况的义务，尤其是对供体而言，虽然在器官移植手术前，需对供体所捐赠器官进行检查，但供体依旧有义务将自己所捐献器官的情况如实向医疗机构或监管机构反映。

二、支付医疗费用的义务

医疗行为之所以在某些观点中被认为带有消费行为的性质，恰是因为在现阶段我国的医疗体制下，无论医疗机构是否为营利性机构，患方都需向医方支付一定程度的费用，缴纳医疗费用是患者应尽的义务。由于患者拖欠医疗费用而导致不良医疗后果问题在目前的医疗工作中普遍存在，在一定程度上将影响医疗机构的生存和发展。

在器官移植这一领域，器官从供体脱离到移植至受体，其移植时间必须控制在数小时以内，对于某些危重病人，的确有可能迫于时间压力而无法及时完成医疗费用的支付。而另外一些符合器官移植条件且在器官移植分配系统中优先级排名靠前的受体，不具备支付器官移植高额医疗费用的条件，这也引出器官移植分配制度中的一个关键性的问题：支付能力是否应该作为器官分配予以考虑的一个重要因素？

《中华人民共和国执业医师法》第二十四条规定："对急危患者，医师应当采取紧急措施进行诊治；不得拒绝急救处置。"由此可见，对急危欠费患者，我国法律法规对医疗机构及医务人员的要求是必须进行急救处置，否则应承担相应的法律责任。可以看出，我国立法的原则更侧重于人道主义，基于此，需对拖欠医疗费用的患者区分对待。其中一种是患方及其亲属有能力支付而故意拖欠医疗费用，针对这种情况可以根据其病症考虑停止诊疗或不予进行器官移植手术；另外一种是患方的确无力支付医疗费用，医疗机构可根据承受能力适当予以治疗，以体现人道主义精神，并通过向社会发起捐助倡议等方式补足相关医疗费用，这也是基于我国相关立法偏向人道主义的考虑。而笔者认为，支付能力不应作为影响器官移植分配的主要因素。

第五节 器官移植中的医疗侵权与医疗损害责任

一、器官移植中的医疗侵权

在医疗行为中，医务人员作为治疗行为的行为人所实施的过错行为，可认为是对患方的一种侵权行为。在我国对医疗侵权的认定中，将其定义为医疗机构及其医务人员在为患者提供医疗服务时，由于过错造成患者人身或其他损害，依法应当承担相应的侵权责任。[①]我国法律认为侵权行为是产生责任的根据，包括行为人的过错而导致的侵权行为，还包括基于法律的规定而产生的责任。

在器官移植中，医疗侵权的构成要件主要包括以下几点。

1. 主体资格

医疗侵权的行为人具有特殊的身份，其主体必须是医疗机构或者医务人员。尤其是针对器官移植手术，在国内并非所有的医疗机构均有资格从事各类器官移植的医疗行为，因此，若在器官移植过程中由于实施手术方不具备器官移植的医疗行为资格而导致器官移植手术失败或患方人身损害的，虽然构成侵权行为，但不能在医疗侵权范围内认定该侵权行为。

2. 医疗侵权行为人主观上存在过错

在器官移植过程中，所谓的过错应是医务人员按其医疗水平和

① 参见《中华人民共和国侵权责任法》。

能力应当能够预见行为对患方具有危害，由于其主观上存在过失或故意，没有预见或没有采取相应的预防措施，从而导致损害的发生。

3. 器官移植的损害后果

这也是医疗侵权行为的必备条件，即损害事实的有无。对于医疗侵权行为来说，所导致的后果可能出现在诊疗过程中，也可能出现在诊疗完成之后。因此，医疗侵权的损害后果是否发生在治疗护理过程中，不影响医疗侵权行为的构成。但是，由于器官移植技术的特征，其手术本身是否成功并非可以在某一时段内明确界定的。比如，器官移植手术过程非常成功，而在几个月后器官出现衰竭的情况也可能发生。因此，对于器官移植医疗行为而言，其损害后果的界定尤为困难。如果将器官本身的潜在问题或受体与移植器官所产生的长期排斥反应作为医疗侵权的损害后果，那么对于医方无疑是不公平的。因此，对于器官移植的损害后果的界定也需要第三方监管机构的介入和判定。

4. 医疗侵权行为具有违法性

医疗机构及医务人员在器官移植的过程中，如果其行为违反我国器官移植的相关法律法规，或是医疗卫生相关的管理法律、法规、部门规章和诊疗护理规范等，均应视为违法行为。

5. 损害结果与违法医疗行为之间应具有因果关系

在器官移植过程中，医疗侵权行为与损害后果之间的因果关系往往难以认定，加之器官移植手术本身的实验性及可参考病例的稀缺，以及器官移植医疗行为本身的专业性、技术性，使因果关系的认定更为困难。因此，应当审查侵害权利的行为与患方人身损害之间是否存在必然的因果联系，如果没有就无法认定为医疗侵权。

二、器官移植中的医疗损害责任

医疗损害责任是医方对基于医疗侵权行为所造成的患方损害应承担的民事法律责任，以损害赔偿为主要方式。在器官移植中，其内容主要有如下几方面。

1. 医疗技术损害责任

在器官移植过程中，若因医疗机构及医务人员所从事的病情检验、诊断、治疗方法的选择、治疗措施的执行、病情发展追踪、术后照护等医疗行为不符合现有器官移植医疗行为的专业知识及技术水平而导致患方损害，也就是说，出于技术运营问题而导致的医疗侵权行为，医疗机构理应承担侵权赔偿责任。

2. 医疗伦理损害责任

医疗伦理损害责任在传统医疗行为中主要是医务人员未对患方就医疗内容充分告知或侵犯患方隐私权等违反医师职业伦理或职业道德的侵权行为所应承担的责任。[①] 而在器官移植医疗行为中，还包括未对器官移植所带来的可预期的伦理后果进行告知，以及未对可预期的与伦理相关的后遗症进行告知的行为，对此医方也应当承担相应的侵权赔偿责任。

3. 医疗产品损害责任

在器官移植中，除了传统医疗所包含的医疗过程中使用的药品、消毒药剂、医疗器械和设备以及血液相关制品等医疗产品有缺陷而造成患者的人身损害之外，还应包括由医疗机构提供的人造器官存

① 刘传斌:《我国医疗损害举证责任研究》，华中科技大学 2011 年硕士学位论文。

在缺陷而对患方造成的损害，对此医疗机构或人造器官的供应商、销售者应承担医疗损害赔偿责任。

《中华人民共和国侵权责任法》第七章对医疗损害责任作了详细的规定，此外该法还针对医疗损害责任说明了三点归责的原则。第一，过错原则。根据《中华人民共和国侵权责任法》第五十四条的规定，医疗机构及其医务人员在医疗行为中须存在医疗过错，且因为该过错导致患者医疗损害才需要承担侵权赔偿责任。该规定也是在医疗损害诉讼案件中医方承担赔偿责任的前提。第二，过错推定原则。根据《中华人民共和国侵权责任法》第五十八条规定，患者有损害，因下列情形之一的，推定医疗机构有过错：违反法律、行政法规、规章以及其他有关诊疗规范的规定；隐匿或者拒绝提供与纠纷有关的病历资料；伪造、篡改或者销毁病历资料。在以上几种情况下，患者只需证明医方存在上述情况，法院就应推定医疗机构存在医疗过错。第三，无过错责任。根据《中华人民共和国侵权责任法》第五十九条的规定，在医疗行为中，只要医疗机构使用了不合格的医疗产品致使患者人身受到损害，无论其医疗行为是否有医疗过错，都应该承担赔偿责任。

三、器官移植中的医方免责事由

在一定条件下，医疗机构的医疗损害责任可以得到免除。在《中华人民共和国侵权责任法》和《医疗事故处理条例》中，同样对这类情形进行了规定。《中华人民共和国侵权责任法》第六十条第一款规定，患者有损害，因下列情形之一的，医疗机构不承担赔偿责任：（一）患者或者其近亲属不配合医疗机构进行符合诊疗规范的诊疗；

（二）医务人员在抢救生命垂危的患者等紧急情况下已经尽到合理诊疗义务；（三）限于当时的医疗水平难以诊疗。《医疗事故处理条例》第三十三条明确规定了不构成医疗事故的六种情况：（一）在紧急情况下为抢救垂危患者生命而采取紧急医学措施造成不良后果的；（二）在医疗活动中由于患者病情异常或者患者体质特殊而发生医疗意外的；（三）在现有医学科学技术条件下，发生无法预料或者不能防范的不良后果的；（四）无过错输血感染造成不良后果的；（五）因患方原因延误诊疗导致不良后果的；（六）因不可抗力造成不良后果的。

以上这些情况，从医学科学的角度来说，在器官移植过程中都有可能发生。因此，我们在推动器官移植立法的过程中，也必须明确器官移植本身的确是存在高风险及不确定性的医疗行为。

第五章　器官移植的程序规范与犯罪预防

于2007年颁布的《人体器官移植条例》第二十条第一款规定："摘取尸体器官，应当在依法判定尸体器官捐献人死亡后进行。从事人体器官移植的医务人员不得参与捐献人的死亡判定。"根据《人体器官移植条例》第二十五条的规定，如果公民生前表示不同意捐献其人体器官而摘取其尸体器官，构成犯罪的，依法追究刑事责任。这也形成了我国器官移植中器官摘取的程序规范及归责的雏形。

第一节　器官移植中关于医方及第三方机构的立法讨论

在器官移植中，医疗机构往往被作为第三方机构看待，多用"医疗机构"泛指除供体和受体之外参与器官移植的所有第三方机构。医疗机构兼具器官移植管理分配系统的运营操作者和器官移植手术的医疗实施者两重身份。然而，笔者之所以在此处将医疗机构和第三方机构并列列出，是基于对这一问题的考量：在我国相关立法尚不健全的情况下，医疗机构可能产生由于权力集中而造成的法律公平性的丧失。因此，本节中将以“医方”指代器官移植手术的医疗实施者，以“第三方机构”指代与我国器官移植管理分配体系建立有关的运营与评价机构。

对于医方的立法讨论，需要厘清医方在器官移植中所处的位置，保护医方应有的权利；同时，由于医方掌握着“生杀大权”，尤其是在某些带有试验性的器官移植案例中，也需要限制医方在器官移植中所能掌控的资源、权属及科研范围。

对于第三方机构的立法讨论，则应确立其在器官移植中绝对的独立性和客观性，保证第三方不牵涉利害关系，保障其作为标准制定和流程监管机构的客观性。

基于这两方面的判断，笔者认为，医方在器官移植中所处的位置应为：负责器官移植医疗过程的具体实施保障，在降低移植过程各个环节失误风险、保障医疗流程正确的同时，严格按照器官移植分配机制和系统执行，保证器官移植流程正确。而第三方机构在器官移植中，除医学管理和监管功能外，还应具备提供立法建议、作出法律判定和提供法律服务的功能。在作为绝对客观第三方和非营利性机构建设运行器官分配系统、保障器官移植系统良好运转的同时，主导器官移植技术的发展方向和明晰伦理界限。这也是本书提出将医方和第三方机构区分开来的主要原因。

由于器官移植科学尚处于日新月异的高速发展阶段，任何现在处于试验阶段的器官移植均有可能在不久的将来成为常规的诊疗手段，任何当前未被社会观念所接受的具有伦理争议的移植方式也有可能随着社会的发展逐渐被接纳。而医方和第三方机构又恰是手握“金钥匙”推动器官移植技术发展的领航人。因此，在针对医方和第三方机构的立法讨论中，不能将器官移植医疗一概而论。在此处我们根据器官移植手术在医学上应用的接受度和普适性，将其分为非试验性器官移植和试验性器官移植两种类型进行立法讨论。

一、非试验性器官移植中关于医方的立法讨论

器官移植作为医学领域的高新技术，其移植过程无法由供体和受体单独进行，必然有医疗机构实施专门摘取器官的协助行为以及植入器官的治疗行为。供体和受体作为自然人，分别与医方之间产生民事关系，因此医方在器官移植立法讨论中占有重要角色。

现阶段针对医方的立法主要集中在刑法领域，1997 年 10 月 1 日开始实施的刑法增设了医疗事故罪，学术界对于医方立法的讨论也多出自刑法角度。因此，将医方纳入法律调控范围，从民法角度对器官移植中医方权利与义务的确定性进行立法讨论是十分必要的。

在针对医方的民法立法讨论中，需要考虑医疗服务的三种特性，即医患关系的契约型、医疗服务合同的特殊性及医疗服务本身的风险性。

医方与供体和受体之间，以一种非常特殊的契约形式产生关系。一方面医方具有强制诊疗的权利，但医患双方对契约内容所达成的一致仅限于“治疗”这一内容，且该内容具有差别性和抽象性。另一方面根据不同医生的判断，治疗方法、过程和用药等可能存在差别，另外“治疗”无法被明确落实到合同条款中，且无法对治疗效果进行百分之百的保证。在器官移植发生前，患方考虑的往往是医方实施移植的道德责任，几乎不考虑移植失败的法律责任。而当移植失败后，患

方也存在把移植失败的责任转嫁于医方的情况。

基于以上性质，现行相关法律中为保障供体和受体的利益都赋予供体或受体生命健康权、知情同意权、隐私权、撤销权等权利，与此同时却在无形中增加了医方在“治疗”这项具有不确定性的行为中的风险性。

器官移植与普通的治疗或急救不同，由其特殊性可知，器官和受体之间的排斥反应、器官本身可能存在缺损等各种不确定因素，甚至某些器官移植手术本身带有的实验性风险，很可能在器官移植过程中导致移植失败，甚至受体死亡。另外，由于器官移植在医疗领域尚属于带有科学试验性质的前沿学科，且可参照案例有限，因此也带来很多可能导致医疗损害的术后风险。

针对这些问题，笔者认为可以从以下方面对医方在器官移植中的立法进行讨论。（1）在器官移植手术尚未普及前，通过立法降低医生及医疗机构实施器官移植手术的过错责任标准，只有在有明确证据证明器官移植失败或对供体和受体方自然人造成的生命健康权侵害来自医方失误或蓄意的前提下，才应追究医方的法律责任。（2）针对由于器官移植所引起的未知的潜在风险，降低医方注意义务。这里主要指注意义务中“主治医师在医疗行为实施之前，有极尽说明的义务”。（3）应赋予医方根据器官状况和患者状况，在手术过程中对器官进行判断和处置的权利。器官移植对于器官的运输及保存有着苛刻的时间和环境要求，当由于非医方的原因造成运输、保存等条件达到或超过极限，造成器官在移植过程中不再满足移植到受体身上并成活的条件时，医生有权代替器官的人格权属方判断器官为失效，并作出终止移植的决定。（4）针对器官移植中的器官受体易成为侵权行为的侵害对象这一问题，建立相应的救济机制，建立常规机制性的救济基金。受体在等待分配与移植的过程中，当自身受到不平等对待或侵害的时候，能够通过法律手段寻求救济。

在本书的第二章中，笔者已经对医疗机构或医生个体违反程序所应承担的法律责任进行了论述，主要包括医务人员在器官移植过程中获取不当利益、医务人员或医疗机构摘除器官程序不健全所产生的责任等，在此不再赘述。

二、非试验性器官移植中关于第三方机构的立法讨论

本书提出将器官移植中的医方和第三方机构区分开来，主要是希望第三方机构在器官移植这一具有特殊性的医疗方式中，能够起到提供立法建议、作出法律判定，同时建设和运行器官分配系统，保障器官移植系统良好运转，主导器官移植技术的发展方向和明晰伦理界限的作用，即希望第三方机构作为医学和法学之间的桥梁，一边连接医疗治病救人、探寻未知领域的科学作用，一边连接公平正义、保证医学成果合法有序应用的法律作用。

这便要求第三方机构保持绝对的客观和独立，甚至可以有独立于医学管理体系之外的权限。第三方机构应包括器官信息收集机构、器官分配机构、器官移植监督机构等多方主体。在器官移植程序中，他们既与供体和受体双方无关，也非站在医方的角度，因此可以客观地判断以下情况：供体是否死亡、器官的属性、器官的来源、移植顺序等。第三方机构一方面可以保障器官移植过程的专业性，另一方面也可以保证器官移植信息、资源、医疗设备条件的公正、公平、公开。

综上所述，第三方机构的建立和运营需要通过立法赋予其如下

的特性：（1）公开性，其所掌握的诸如器官分配系统等信息需完全公开透明，以保证在没有监管机构的情况下可以接受全社会的监督；（2）非营利性，非营利性是保证其公正、客观的唯一途径；（3）统一性，其针对器官移植的管理系统和判定标准需统一，且能够适用于全国；（4）前瞻性，对于试验性器官移植具有医学、法学和社会学的多重预判功能，保障医方所进行的试验性器官移植手术不超越伦理边界。

2013 年 8 月，国家卫生和计划生育委员会发布的《人体捐献器官获取与分配管理规定（试行）》中规定了省级卫生行政部门在国家卫生和计划生育委员会的统一领导下所成立的专职机构 OPO（人体器官获取组织），由专业医疗团队组成，按照“中国心脏死亡器官捐献分类标准”负责捐献器官的获取及分配工作的实施。该规定于 2019 年修订，形成了《人体捐献器官获取与分配管理规定》，继续强调 OPO 的履行职责及规范运行。虽然尚未做到全国范围内器官移植的统一性，且 OPO 也尚不具备为医学和法学搭桥的功能，但实际上该组织就是我国在独立的第三方机构设置方面的一次尝试，且目前已经初具雏形。

相信未来我国可以通过立法达成原卫生部副部长黄洁夫所提出的“建立器官移植应对系统……包括受者管理系统、等待器官列表管理系统、捐献者管理系统和器官分配 / 匹配系统”。

三、试验性器官移植中关于医方和第三方机构的立法讨论

在我国，器官移植中有许多尚处于试验阶段或争议阶段的医疗过程，诸如动物器官的应用，变性手术，复制生命，人工器官的生产、

制造、移植，人体试验及对于活体器官的摘除等。这些器官移植技术一方面多数尚未成熟，另一方面其实施也挑战了我国普通公民的价值观与道德观底线。

在这样的情况下，需要由第三方机构制约医方自主诊疗的权利。针对带有试验性质的器官移植，第三方机构应主导器官移植技术的发展方向和明晰伦理界限。而医方仅负责医疗过程的具体实施保障，严格按照器官移植分配机制和系统执行。

然而，器官移植的试验性本身是与医方的救治义务有所冲突的。在受体的身体器官发生病变或衰竭时，原则上受体有权依据既有原则要求医方以紧急挽救其生命为目的实施器官移植手术，同时医方有权履行其作为医疗机构相应的救治义务。倘若医方对于试验性器官移植的决定权和其救治义务相冲突，且时间紧急，不允许请示第三方机构或按照管理流程执行时就会面临两难局面，笔者认为，相关机构在制定法律法规的同时，应考虑医学科学的本质，尤其是临危救人的特殊性。通过器官移植相关立法，适当放开医方权利，尽量以利于医学科学发挥作用为原则。

综上所述，针对试验性器官移植的立法讨论包括：（1）对诸如人工器官的应用、活体器官移植等边缘问题，需有针对性地立法，以单独对其进行规制；（2）由第三方机构界定试验性器官移植和非试验性器官移植，对于处于试验阶段或争议阶段的器官移植，坚决禁止医方单独或普遍执行；（3）对于私自进行试验性器官移植的医疗机构和个人通过相关立法予以严惩；（4）试验性器官移植与医方的救治义务相冲突时，降低医生及医疗机构实施器官移植手术的过错责任标准。

第二节 “中国人体器官分配与共享计算机系统”的构建

在美国，与立法相匹配的，是其较为成熟的器官捐献移植组织机构（如图 5-1）[①]。

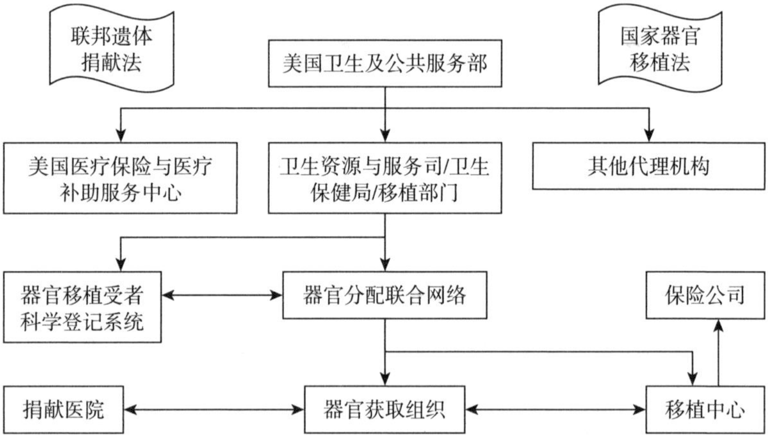

图 5-1 美国器官捐献移植相关组织体系

从 1986 年开始，美国器官分配联合网络（UNOS）便开始代表美国政府运行国家器官获取和移植体系，通过建立全国范围的器官信息和分配网络，使供体器官分配能够实现最大限度的公平。通过该系统，可以进行收集、储存、分析、公布患者的移植等候排序表、器官配型情况及移植后随访情况，实现向相关个人和机构提供关于器官移植的信息、建议和指导，大大地提高了器官移植的质量与数

① 侯峰忠：《美国器官捐献和移植管理体系简介》，载《中华移植杂志（电子版）》2011 年第 4 期，第 330-336 页。

量。经过二十多年的发展，美国器官分配联合网络建立了移植医院249家，各类移植中心共计1139家，商业合作组织2家，器官获取组织58家，组织配型实验室155家，公共组织8家，医学科研中心17家，其他组织10家，总部共有300多名员工的庞大体系。通过这些机构的协同作用，美国现阶段已基本实现全网络化的器官分配系统。2010年，器官分配联合网络登记移植例数总计25469例，等候患者数总计112872人。

相关法案要求器官获取组织（OPO）必须建立根据病情紧急程度分配器官的统一系统，并通过制定分配政策以保证所有器官在全国范围内都能够得到公正公平的分配，保证每一位等待移植的患者得到公平的对待；规定OPO的服务范围应覆盖全国所有患者，并在分配器官时将儿童和高危患者的特殊需求作为优先条件考虑。

为了贯彻“不以患者的社会或经济地位为依据”的器官捐赠与分配原则，美国对其器官获取费用的支付模式也进行了规定。图5-2所示的是美国器官获取费用支付模式的示意图，器官捐献的宣传动员、获取、储存、运输等工作都由各州的OPO承担，所需的费用由OPO统一向移植医院收取，移植医院加上器官移植的手术费用后向第三方保险机构或医疗保险公司报销。每一个器官的收费标准由器官获取费用标准评估机构评定，主要包含器官获取、修整、保护、运输过程中所产生的费用以及OPO日常运行费用，具体费用支出情况由医疗保险机构进行审计。①

① 侯峰忠：《美国器官捐献和移植管理体系简介》，载《中华移植杂志》2011年第4期，第330-336页。

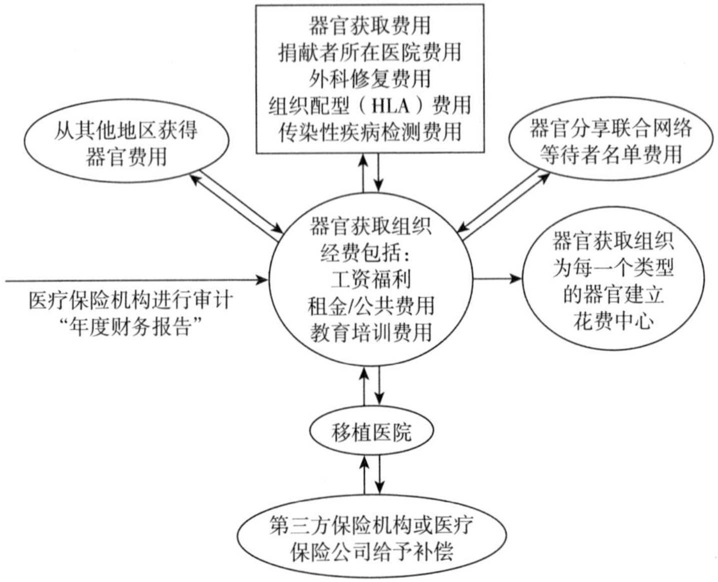

图 5-2　美国器官获取费用支付模式

美国按照相关法律规定还配备专门的器官捐献及获取机构，分布在各州的 OPO 全面负责器官捐献的宣传动员、捐献协调、器官获取和处理、器官分发、捐献者家属的服务，所有加入美国医疗保险的医院患者的死亡信息应按要求向 OPO 报告。美国各州也分别设有器官捐献者资料库，该资料库通常归属当地的交通部门管理，在各州内招募的捐献者应登记在资料库信息系统中。在 OPO 系统的推动下，美国 50 个州连同华盛顿哥伦比亚特区都实现了驾驶员在申领驾照时明示器官捐献意愿的制度，若驾驶员不幸遭遇交通意外且抢救无效，实施抢救的医院有权根据驾驶员驾照上所反映的意愿对其器官进行法律监管下的直接捐献处理，以减少因确认程序而导致的器官无法用于移植。据统计，截至 2009 年，美国共有

863 万人登记加入器官捐献者资料库，这个数字比 2007 年提高了 24.4%，占全美总人口的 37.1%，在过去的 3 年里，这些登记者促成了 8.2 万例器官捐献、12 万例角膜移植和上百万的人体组织移植。2009 年，28% 的器官捐献者、30% 的组织捐献者和 38% 的眼角膜捐献者都来自这些登记者。

与国外较为成熟的器官移植分配体系以及完善的组织机构相比，我国建立的器官分配系统尚处起步阶段。在很长一段时间里，无论通过何种途径获得的供移植器官，大都是由医疗单位及医生来决定对受体如何分配，直到 2010 年，我国卫生部才出台了《中国人体器官分配与共享基本原则和肝脏与肾脏移植核心政策》（已于 2018 年修订），详细明确了我国器官分配中一系列的筛选条件及优先原则。以此为蓝本，卫生部委托隶属香港大学玛丽医院的中国肝移植注册中心设计出中国人体器官分配与共享计算机系统。该系统基于计算机软件平台，通过软件实现网络化、信息化管理，它也成了器官分配系统的雏形，其运作方式如图 5–3 所示[1]。

可以看出，在这套系统中，首先由器官获取组织在系统内录入供体信息，并触发整个分配系统的匹配模块，按照所制定的分配原则和器官移植核心政策进行供受体匹配，分配系统将匹配结果发送到受体所在的移植中心及器官获取组织，之后受体所在的移植中心予以回复，确认是否接受该分配结果，同时器官获取组织也向分配系统确认分配结果，最终获得分配的受体所在移植中心对器官进行

① 《中国人体器官分配与共享基本原则和肝脏与肾脏移植核心政策》（卫医管发〔2010〕113 号）。

接收，并上传器官接收确认书，完成整个分配过程[①]。

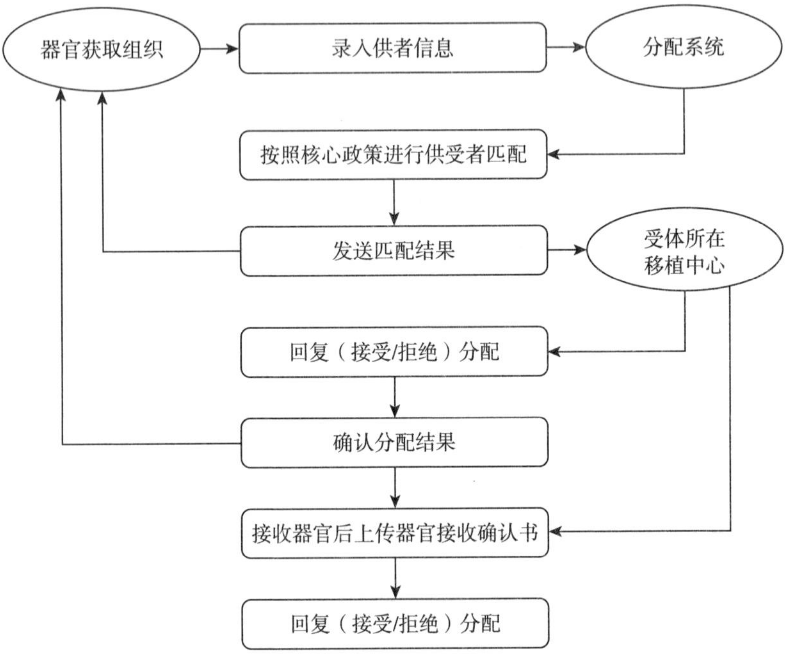

图 5-3　中国人体器官分配与共享计算机系统运作流程图

这套系统通过计算机自动运算，可以为可用器官在 1 分钟内列出最匹配的患者名单，并在 5 分钟内完成从接收信息到完成匹配的过程，这样便极大地提高了如肝脏等对移植时间有严格限制的器官的分配及移植效率。

现阶段，这套系统的分配原则同时借鉴了德国器官捐献分配系统中“委托第三方进行分配管理”的原则和日本“提高可行性，区域优先”的原则。首先，考虑地域因素，从器官自供体摘取之时开始计算，

① 中国人体器官分配与共享计算机系统（COTRS），https：//www.cot.org.cn/。

到器官移植手术完成、器官成功移植到受体，整个过程中时间成本加和之后，在器官利用的有效时限内可送达的区域是筛选器官移植受体的首要标准；其次，病人的危重程度是第二个被考虑的因素，通过系统所录入的数据，对每一个等待器官捐赠的受体进行打分，分数高者危重程度更高，其后根据分数，结合等待受体的自身条件与病情，利用复杂数学模型进行移植优先顺序排名。

为了确保公平及加强监督，该系统也引入了各种科学机制。对于危重患者的数据及排名会一周更新一次，同时为确保受体所在医疗机构及医务人员如实登记等待受体的资料，国家卫生健康委员会通过“飞行检查”的形式对各个医院进行突击检查，通过调取等待受体的原始病历与系统数据进行对比以确定是否录入不实信息，一旦发现作假，该医疗机构及相应医务人员将被立刻取消移植资质。另外，为了保证器官捐赠过程的公正透明，尽可能不受人为干预，其总运营中心设在深圳的一栋写字楼中，由香港大学玛丽医院研究人员主持设计，由香港大学李嘉诚医学院负责操作系统，并已将此平台并入香港大学深圳医院，以期实现真正意义上的第三方平台。在分配系统中，不显示等待移植受体的具体身份，只显示相关编号和所在医疗机构以及医疗机构器官移植负责人的联系方式，这样便最大限度地保证分配顺序是单纯通过医学科学的原则来判定的。整个分配过程由计算机内置程序自动完成打分及计算排序，并自动向前 5 名移植等待者发送短信通知，通过自动化程序消除整个过程中的人为因素。

自 2010 年 10 月起，全国约 160 家具备器官移植资质的医疗机构开始对中国人体器官分配与共享计算机系统进行试点使用，从 2011 年 4 月到 2013 年 6 月，“共有 742 个人体器官通过这个平台自动分配，约占捐赠器官总量的1/3”。[①] 但是相应地，在全国仍有近三分之二的器官捐献及移植手术，其流程及监管并未并入该分配系统之内，仍然沿用我国传统而不透明的“随机分配”或“定向分配”的器官移植捐献制度，这就使得大部分待移植受体的平等受益权依然得不到充分保护，这也是我国现阶段迫切需要完善器官移植相关立法的一个主要原因。另外，通过对国外类似系统的研究可以发现，即使完善并利用了分配系统及自动化程序，在器官移植体系及相应的法律法规尚不完善的情况下，分配系统依然存在被违规利用的可能。2012年7月，德国哥廷根大学医学院曝出一名医生在至少25件案例中，通过修改患者信息使之病情看似更为严重而使这些受体在“等待肝脏捐赠者名单”中排名靠前；2013年1月，德国莱比锡大学医院被曝出有工作人员通过在一些等待肝脏移植的病人的档案材料中登入错误信息，使这些病人在欧洲器官移植分配中心的等待名单上排序前移，这些违规操作都是因监管不严造成的。

在明确器官分配的标准之后，对于第三方分配机构的运行以及器官捐献系统资料库的管理，也必须通过相关法律的建立和完善使之遵从相应的原则。

1. 公开性原则

对比许多国外成熟的器官分配及捐献信息系统可以看出，其中大部分都构建了统一的器官捐献登记网络及资料库，这些网络及资料库的信息都是公开的，可供公众随时查询，公众与监管机构能够

① 《器官分配与共享系统运行两年　分配器官742例》，搜狐健康网，http://health.sohu.com/20130624/n380349660.shtml，访问时间为2017年1月9日。

通过网络随时查阅、监督整个流程的运转。[①]包括器官受体的排序及选择标准、最终的分配结果也应该予以公开，接受整个社会的监督。但同时，正如前文所提到的，在保证信息及程序公开的同时，依然需要保证对器官移植中的供体及受体个人信息的严格保密，一方面保证供体和受体基本的隐私权，另一方面防止受体与捐献供体之间直接接触而对器官分配结果的公正性产生干扰。

2. 独立性原则

正如我国启用的中国人体器官分配与共享计算机系统是由香港大学李嘉诚医学院负责的操作系统，并将该平台并入香港大学深圳医院，使其作为第三方客观公正地运作一样，国际上普遍对器官移植资料库及分配系统的管理倾向于赋予其完全的独立地位，即不受任何政府部门、企业或个人的管理及资助，如美国专门负责全国器官捐献与移植信息的录入、管理、配型、分配的机构——器官获取与移植网络（Organ Procurement and Transplantation Network，OPTN）。1984年美国通过的《国家器官移植法案》规定，该机构必须在财务、人员、组织等各个方面保持非营利性和独立性，以此确保其成为真正的第三方平台，能够代表社会公众的利益。

3. 统一性原则

统一性是针对全体公民及全国范围内所有的器官移植供体和受体享有同等权利而言的。无论身处何地，社会地位如何，在器官移植的过程中均平等地享有相同的权利，这也是宪法赋予公民的平等权利。针对我国现阶段的情况，虽然已经启用了中国人体器官分配

① 申卫星、王琦：《论人体器官捐献与移植的立法原则》，载《比较法研究》2005年第4期，第34-47页。

与共享计算机系统，但是一方面并没有通过立法将平等受益权以及其他各项器官移植受体应有的权利加以保障，另一方面，仍有相当数量的器官捐献及移植手术，其流程及监管并未录入该分配系统之中，说明在全国范围内践行统一性原则还有很长的路要走，但最终目标无疑是将全国各地的器官信息在统一的系统平台上进行查询，且受体不会因所在地域及其他因素影响其获取器官信息的效率。

在完善器官分配系统设计的同时，为保障受体平等受益权的实现，必须要加强对器官从捐献到移植每一个环节的监督。

1. 对信息录入过程的监督与管理

这一环节在整个系统中是人为因素介入最多的程序，因此也是最可能出现漏洞的环节。无论是受体及其亲属，还是接收受体的医疗机构及医务人员，都是在信息录入过程中可能获益的相关人群。尤其是在现阶段我国器官分配系统采取按照受体的病情危重程度及其身体条件打分排序与先来后到的原则同时并行的情况下，对于待移植受体的身体检查，甚至器官移植手术最终都要在对应的医疗机构中进行，即受体平等受益权的最终实现是在医疗机构中完成的，对于受体病情及状况进行客观公正、符合医疗规范地采集、录入是保证这一环节公平公正的基础。因此，笔者认为，仅依靠我国现阶段“飞行检查”等手段进行监督尚为不足，需要借助相关法律法规，对信息造假、伪造证明、录入信息不实等行为，甚至包括对医患双方之间由此产生的行贿受贿等经济犯罪行为进行规制。同时，建立专门的监督管理机构，对各医疗机构的录入程序、审查程序及其自动化系统进行全面管理和监督，将信息采集、录入中的人为因素可能的不利影响降到最低。

2. 分配原则的科学细化与兼顾伦理道德标准

在现阶段，为了使分配环节做到公平公正的最大化，利用计算机运行分配程序，由系统按照要求自动排位，成为保障平等分配的主要手段。因此，分配原则及排序方法的确立便尤为重要。一方面，在器官移植这一领域，主要依据的是前文中所述的基础条件、优先条件等；另一方面，由于器官移植本身存在极大的道德和伦理争议，针对具体细节及特殊情况，需要具体分析，以顾及我国道德传统及思想观念。例如，现阶段在国际社会对于器官分配排序存在两种不同的标准，美国器官移植系统会将器官优先移植给在一定范围内存活概率更大的病人，这一原则类似于战场紧急救治过程中对伤员通过色卡进行伤病危重程度的区分，放弃无生存希望或生存概率较小的人，该标准对于器官移植供小于求的现状而言，不得不说具有其科学合理的一面，但一定程度上有悖于东方传统的道德标准；与之相对，与我国同为亚洲国家的日本则倾向于在同等条件下将更加危重的病人排在分配名单的前列。我国分配系统现在所采用的标准接近于后者，即奉行“病重者得”的原则。

3. 对管理系统的限制、监督及管理

在对资料录入过程进行严格监管的同时，也需要对管理分配系统的第三方进行限制、监督和管理。国内法学界有一种观点，认为应该在组织架构上建立人体器官移植工作体系，由卫生主管部门、医疗机构和其他社会组织共同组成，构成器官移植管理系统的各个环节。在笔者看来，人体器官移植工作体系更多地应该体现在程序上，而并非体现在机构上，相反地，一旦器官分配系统确立，能够介入这一系统的组织和相关医疗机构以少为宜，通过充分利用第三方平台及客观公正的计算机管理体系完成对于信息资料、分配过程的管理及分配结果的通知等工作，建立集器官的获取、移植、人体器官捐献登记和最终分配于一身的资源共享网络，该网络可以通过操作界面使所有器官捐献和移植系统中的相关人员相联系，自动运行整个流程中的政策和程序，提高由器官捐献到摘取，到最终完成分配、移植的效率。同时，获得第一手的器官移植统计数据，供政府部门、医疗机构和科研人员分析研究。

而卫生主管部门及其他社会组织的主要工作则应侧重于开展人体器官捐献的宣传与推广工作，利用政府资源及社会资源对捐献器官的高尚行为给予荣誉、嘉奖、物质奖励等，同时宣传推广现有分配系统对于平等受益权的保护及相关政策法规，使民众对捐献器官的分配方式以及我国的捐献移植体系建立信心。

4. 伦理审查机制的引入

基于器官移植这一领域的特殊背景，以及日新月异的器官移植技术对人类传统伦理道德观念的不断挑战，有必要在监督与立法的同时成立人体器官移植技术临床应用与伦理委员会。

人体器官移植技术临床应用与伦理委员会是由特定的医学、法律及行政人员等专业人员所组成的独立组织。成立该委员会的意义在于核查器官移植过程中临床试验方案和实施是否符合道德和伦理标准，由其代表公众对移植过程进行监督，以确保手术及研究中器官供体和待移植受体的各项权益受到保护，尤其是针对那些接受器官移植试验性研究的受试者。在国外也有类似的机构组织，所有器官移植手术除了正常的分配、审核、监督程序之外，还必须经该委员会的审核通过后方可实施。对于我国这样一个有着悠久传统文化以及伦理观念的国家而言，这一制度十分必要。因此，在 2006 年我国卫生部颁布的《人体器官移植技术临床应用管理暂行规定》中，在对开展器官移植手术的医疗机构的准入和资格认定方面，明确规定了除申请办理器官移植相应专业诊疗科目登记的医疗机构原则上为三级甲等医院、要具备人体器官移植技术临床应用能力的本院在职执业医师以及与开展的人体器官移植相适应的其他专业技术人员、要有与开展的人体器官移植技术临床应用相适应的设备、设施这些对医疗机构专业资质及硬件设备的条件外，还有便是医疗机构必须成立人体器官移植技术临床应用与伦理委员会，同时具备完善的技术规范和管理制度[①]，这也对我国器官移植科研及手术中对于伦理道德的审查进行了强制规定。

虽然我国已经有了对于伦理委员会设立的强制规定，但对于伦理委员会的构成、运作及具体职责还需要进一步明确。人体器官移植技术临床应用与伦理委员会伦理审查的意义是通过审查程序实现器官移植的伦理原则，即代表社会对器官捐献人的捐献意愿是否真实、有无买卖人体器官的情况发生、器官配型和受体适应症是否符合伦理原则和器官移植的技术管理规范、在器官移植科研过程中是否有违背人类道德本源或超过社会伦理范围的见解或既成成果等事项进行审查监督，以保证人体器官移植公平公正的同时，维护人类社会基本的道德伦理。可见该委员会并不是代表单一的医学意见或法律意见，而更像是代表社会公众的裁判。因此，其人员构成也需要能够客观地反映全社会道德伦理标准的水平，而非单纯从医学或法律的某个角度去审视器官移植这一命题。根据国外的相应经验，人体器官移植技术临床应用与伦理委员会需要由来自医学、法学、伦理、药剂、护理等多方面的专家构成。而我国的《人体器官移植

---

① 参见《人体器官移植技术临床应用管理暂行规定》（卫医发〔2006〕94号）。

条例》同时规定，人体器官移植技术临床应用与伦理委员会中从事人体器官移植的医学专家成员不得超过委员人数的四分之一。这样的规定也抵销了从业者本身对行业领域的成见，保证伦理委员会所作出的评估和决定是全面、客观、公正的。同时，伦理委员会也需要完善其规章，履行其职责。在获取移植器官前，严格审查负责人体器官移植的执业医师或其所在医疗机构提出的摘取器官的申请，保障各个环节在医学、法律、伦理等各方面均符合要求。

第三节　限制器官移植受益人对移植器官的支配权

被摘除的人的器官虽然是以“物”的形式存在，但由于其具有生命力和生理活性，并且与人身权密切相关，故应属最高物格的特殊物。基于此，即便是器官的所有权人，也不得对器官进行任意处置，对人体器官的支配，必须符合人权保护的要求，以不违反社会道德规范及公序良俗为前提，这是现代法律尊重人格、保护人的尊严的重要体现。法律禁止人体器官作为商品进入交易市场，即使是所有权人亦不能基于商业目的而处分，避免因利益的驱动出现为获得人体器官而残害生命或损害人体健康的不当行为。世界卫生组织曾明确宣布，人体器官交易不符合人类的基本价值观，违反世界人权宣言和该组织的最高准则，对贩卖人体器官的行为均应作犯罪论处。[①]

① 杨立新、曹艳春:《脱离人体的器官或组织的法律属性及其支配规则》，载《中国法学》2006年第1期，第47-55页。

因此，对人体器官的处分应仅限于无偿捐献，且器官捐献也必须按照法律规定的程序进行。

从理论上讲，既然器官移植受益人已经接受捐献，那么就理所当然地成为移植器官的所有权人，基于对该器官所享有的所有权，受益人可以对其进行支配，但是这种支配权应受到严格的限制，不具有绝对性。1987 年，第 40 届世界卫生大会通过了 WHA40.13 号决议，制定了器官移植的 9 项指导原则，其中器官非商业化原则体现的也是对器官移植受益人任意处分权的一种延伸性的限制要求。[①]

单位受益人不是严格意义上的器官移植受益人，但这些机构负有医疗职责或以科学研究为目的，因此也有可能实施移植手术。比起移植器官的受体，他们甚至享有更多的支配权。然而，该支配权应以纯粹的医疗或科研目的为导向。当器官移植的医疗单位决定对器官所有权进行分配时，也依旧只是选择性的处分权，即单位受益人再次处分移植器官只能根据合法的医学目的选择受体，并无其他的处分权利。以眼角膜器官移植举例来说，眼角膜在手术前由医院负责保存，因此在这段时间内医院便享有对该器官的处分权，但医院并没有基于任何商业目的随意处置眼角膜器官的权利。类似的，器官移植研究人员作为基于科研目的获得器官处分权的单位受益人，在器官研究过程中，器官的医疗功能未丧失前，也不具有随意处置或抛弃器官的权利。[②]

这种建立在公序良俗基础上的限制性权利已得到各国法律的认

---

① 申卫星、王琦：《将人体器官捐献与移植的立法原则》，载《比较法研究》2005 年第 4 期，第 34-47 页。

② 彭志刚、许晓娟：《器官移植受益人的权利保护及其限制》，载《法商研究》2007 年第 3 期，第 73-78 页。

可。美国《国家器官移植法案》禁止以“合理的价格”买卖器官，其中对“合理的价格”的定义排除了与人体器官相联系的移走、运输、安装、处理、保存、质量控制、储藏的合理报酬或者是人类器官的捐献者与器官捐献相关的旅行、住宿以及薪水损失等费用。美国国会之所以采取禁止买卖器官和组织的措施主要是出于对巴里·雅可布的一项计划的回应。据媒体报道，雅可布在弗吉尼亚州开设的一家以交易人类肾脏为业务的公司在一起涉及医疗保险和医疗资助的邮政诈骗案件中，以一个议定的价格从活着的健康捐献者处获得肾脏，并以高过收买价格 2000—5000 美元的价格卖出。在美国《统一遗体捐献法案》和《国家器官移植法案》颁布之后，卫生部门专门建立器官分配联合网络，作为非营利性机构，记录并监督全美所有器官移植手术情况，以保证类似的事件不再发生，从而使贩卖器官的现象得到有效遏制。

第六章　我国器官移植的立法构想与完善

2014年10月，中国共产党第十八届中央委员会第四次全体会议审议通过了《中共中央关于全面推进依法治国若干重大问题的决定》，提出完善以宪法为核心的中国特色社会主义法律体系。完善医疗卫生法律体系则是其中关系国计民生的重要组成部分，而构建器官移植法律体系又是完善医疗卫生法律体系中关键的一环。

根据我国目前民法领域针对器官移植的立法现状，总结在器官移植领域影响较大的案例，笔者将目前我国器官移植的立法所存在的问题归纳为核心问题、焦点问题、前沿问题三类。每一类中，都将笔者所认为的最具代表性的立法相关问题列出，在进行细化讨论分析的基础上，借鉴国外较为成熟的器官移植相关立法，针对我国器官移植立法提出几点建议和构想，以期尽快完善我国的器官移植法律体系。

第一节　需要立法明确界定的器官移植核心问题

在我国现阶段器官移植相关法律法规尚未完善的情况下，抓住器官移植的核心问题开展立法讨论，是迅速完善法律法规较为有效的途径。笔者认为，目前我国器官移植民法领域的立法中，既是核心问题也是当务之急的是针对“死亡标准的定义与死亡判定过程的不明确”“全国范围内器官移植管理和分配等一系列制度的不统一”两个问题的立法。

一、从二元到多元确定死亡标准的定义与死亡判定

目前，我国的移植器官多来自于尸体，由于器官生物学上的特殊性，大多数器官必须在供体死亡后6小时内完成移植方可提升其在受体体内的成活概率。因此，对于死亡标准的定义以及对于死亡的判定过程就显得尤为重要。通过立法确定死亡的概念以及死亡判定的标准，实际上是法理与我国千年来传统道德观念之间的博弈。

1. 允许“死亡标准的多元主义”模式存在

在我国,2000多年前的《黄帝内经》便将“死亡”表述为:“脉短，气绝，死。”这反映了以呼吸心跳的停止作为死亡的判断依据。而现代医学上则更加偏向于“脑死亡”，即“包括脑干功能在内的全脑功能不可逆和永久的丧失”[①]。

---

① 朱长珍:《脑死亡立法的科学基础和社会意义》，载《科学》2003年第4期，第29-32页。

无论以何种形式作为判定死亡的标准，各国器官移植立法的一致观点是将器官供体的意愿作为主要的判断依据。日本哲学家森冈正博称这种将捐献人的意愿作为主要依据，并使其得到法律的保护的特性为“人类死亡的多元主义”。而在立法中，我们不妨对这种“死亡标准的多元主义”在我国实行的可能进行探索。

现阶段，世界许多国家采用多元死亡判定标准。我国作为一个“尚生、忌死”的传统文化国家，想在当今社会推行完全意义上的脑死亡标准难上加难。因此在现阶段，笔者认为，在我国社会呈现价值观和道德标准多元化的情况下，尊重持不同文化观点的公民的不同选择，尝试从二元的立法体系变为多元的立法体系，给予公民自主选择的权利应是可行的途径之一。[①] 在尊重文化传统的同时，最大限度地满足对供移植器官的需求，在公民按照法律规定选择标准之后根据不同的选择遵守相应的条款，这与法律强制、公正、普遍的特性并无冲突。

2. 通过法学与医学科学的融合推动死亡判定单一化标准的确立

对死亡多重判定标准的概念和共识，只是对于立法构想的第一步，接下来则应考虑该如何对每一重标准进行严谨的法学定义、医学判断、系统实施和制度监管，以使这一构想成为现实。从长远来看，“脑死亡”这一标准无疑是更加科学和适合器官移植医学发展的标准。随着我国与世界文化的接轨，社会大众对于器官捐献的认识和意愿也在逐步培养，选择适当的时机推动“脑死亡”的单一化标准，也与当下选择“死亡标准的多元主义”模式不相冲突。

---

① 王韶婧：《植物人法律人格及其权利保护研究》，复旦大学 2010 年硕士学位论文。

由于死亡判定这一命题的特殊性，其立法不仅涉及法学原理，也与医学标准和规范紧密联系。[①]因此，说明这一观点的合理性需同时从法学和医学两个层面进行分析。

首先，要让社会公众接受“脑死亡”的概念，关键在于建立一套准确预示全身死亡的临床标准。从医学上说，确切的“脑死亡”包括三个方面。第一，大脑皮层的变化。大脑皮层主管人的各种心理功能，所以一旦大脑皮层死亡，思维和意识功能就不复存在，这在医学上被称为大脑皮层弥漫性死亡（diffuse cortical death），据此至少可做出社会学死亡（sociological death）的诊断。第二，脑干死亡（brainstem death）。从医学上来讲，人体有12对主管呼吸、心血管运动等重要生理功能的脑神经从脑干发出。在现代医学的认知范畴中，生命的首要生理特征是呼吸功能，呼吸功能的神经中枢位于脑干，因此，脑干死亡可以作为达到死亡临界点的标准。脑干死亡后，依靠现代医疗手段所能维持的、包括残余心跳在内的部分生物学特征不再表明生命的继续存在，这就是现代医学的“4-3-2定律”：脑干死亡=脑死亡=死亡。[②]第三，全脑死亡（total brain death），即大脑皮层弥漫性死亡加脑干死亡。一般说来，当弥漫性脑损伤发生时，大脑皮层弥漫性死亡先于脑干死亡，所以采用脑干死亡作为个体死亡的判定标准，更具有保守性、安全性和可靠性。例如，在缺氧时，脑的各部位神经细胞对缺氧的耐受时间分别是：大脑皮层4—6分钟，中脑5—10分钟，小脑10—15分钟，延髓/脑干20—30分钟。从

① 孙秋云、陈宁英：《社会学视野下的“脑死亡”标准及立法问题》，载《华中科技大学学报（社会科学版）》2004年第1期，第59-65页。

② 朱长珍：《脑死亡立法的科学基础和社会意义》，载《科学》2003年第4期，第29-32页。

以上资料不难看出，脑干死亡在时限上远迟于大脑皮层弥漫性死亡，加之在判定标准上也留有充分的“保险系数”，故而更容易被公众接受。毫无疑问，一旦发生全脑死亡，就应立即宣告个体死亡。①

其次，对于“脑死亡”诊断的观察时限，各国尚无统一标准。一般可在自主呼吸停止后人工维持呼吸达24小时以上时，开始检测脑死亡存在与否，确诊时间介于6—24小时之间。这就表示“脑死亡”诊断的判定，需要前后两次相隔6—12小时的临床检查方可认定。对于原发性脑组织损伤兼有镇静药物中毒可能性的病例，须待药物半衰期（约24小时）之后再观察12小时；若药物种类不明，则需至少观察72小时。参与诊断的团队，最少要有2名具备脑死亡诊断执行医师资格的医师，由熟练掌握脑干功能试验的神经内外科医师、特护病房医师或麻醉科医师担任。②

最后，在医学上，“进行脑干或脑干以上中枢神经的系统性检查，判断是否发生脑干死亡或者大脑皮层弥漫性死亡所导致的永久性植物状态”是确定脑死亡的必要条件，而在法律上，能否由此认定以上医学标准作为判定死亡的依据，不同学者尚持不同观点。有学者主张，在一定条件下的永久性植物状态，代表植物人法律人格的终结，法律应当认为其法律人格已经终止。在这种状态下，撤除生命辅助装置只涉及程序性问题，不涉及脑死亡患者的实体性权利。但是，在我国的现实生活中，以永久性植物状态作为判定植物人死亡的标准恐难实现。因此，存在一个医学标准如何运用到法学标准中

---

① 朱长珍：《脑死亡立法的科学基础和社会意义》，载《科学》2003年第4期，第29-32页。

② 刘世华：《关于脑死亡和心死亡》，载《中学生物学》2004年第3期，第4-6页。

来的问题。

国外立法及理论的借鉴，是建立在承认脑死亡作为判定死亡标准或承认安乐死合法化基础上的，而我国的公众认知、医疗诊断水平、立法和实践在现阶段还不存在借鉴采纳的条件。但是，其条件及程序的严格限定对于我国植物人医疗中问题的解决有相当的借鉴意义。

3. 死亡判定过程中对于“个人意愿”需严格遵从

对脑死亡患者放弃以复苏为目的的医疗救治的正当性条件和程序，在伦理上和法理上都存在充分的依据。在伦理上，患者有权对自己的身体终止治疗。任何人都是其身体的主人。所有的人都有义务尊重他人的人类尊严以及自由、生命、人格的统一。根据人类自律性原则，患者对于自己的肉体将被如何处置当然有着不受限制的自己决定权。[①] 从法理上讲，患者放弃治疗或拒绝治疗权在许多国家的立法中都有明确的规定，尽管在我国现行立法上还没有这种明确的规定，但是依据我国的法理以及实践，对于陷入绝症的患者放弃治疗，法律没有予以禁止，没有任何法律规定患者不得拒绝治疗。

对于放弃治疗的形式要件，口头、书面均可。对于实质要件，法律上要求必须是成年且心智健全的人，在没有欺诈、胁迫、不当影响的情形下，才能作出有效的放弃治疗的意思表示。但由于脑死亡患者丧失意思表示能力，并不能像一般患者一样可由自己作出放弃治疗的意思表示，如果对这一权利的行使不加以严格限制，容易造成对植物人生命权的侵害。由此产生“终止对脑死亡患者以复苏

① 杨立新、张莉：《论植物人的权利行使和保护——植物人法律问题系列研究之二》，载《法律适用》2006年第9期，第31-34页。

为目的的医疗救治，应符合什么条件、程序以及什么人有这样的决定权”等问题。由于牵涉植物人的生命健康权益，在我国医学立法尚不完善的情况下，对植物人放弃治疗必须满足的条件和程序进行探讨和完善实属必要。

（1）对脑死亡患者终止以复苏为目的的医疗救治的条件

终止救治的脑死亡患者，必须是医生运用现代医学知识和技术对病人病情做出准确的“脑死亡”诊断或“永久性植物状态”诊断的患者。而对于“持续性植物状态”的植物人患者，由于其苏醒的可能性较大，康复率达 11%—41%，应给予充分的时间，积极治疗。

另外，随着现代医学的发展，许多曾经的不治之症成了现在的可愈之症。因此，对于“脑死亡”的判定，必须是在现阶段采取一切可能的医学治疗方法都不可能产生复苏效果。而当任何一种在医学上得到认可的治疗方案可能出现的时候，不得再对患者终止以复苏为目的的医疗行为。

（2）对植物人终止以复苏为目的的医疗救治的程序

在我国现有《人体器官移植条例》的基础上，由与病患及其家属无利害关系的伦理专家、法律专家、医学专家组成专家委员会，组成负责处理宣告患者死亡申请与批准等问题的第三方权威机构，负责对由此产生的各种争议进行仲裁；充分考虑永久性植物状态病患的生存现状，以及充分考量现有的医学发展现状，才能作出是否对植物人终止以复苏为目的的医疗治疗的决定。

在判定死亡之后，还必须由合适的申请人向专家委员会提出申请。该申请人必须是脑死亡患者的家属或相关利害关系人。须经患者主要亲属的一致书面同意（意思表达的优先顺序为：配偶、子女、父母、兄弟姐妹、祖父母或外祖父母、其他的亲属和其他利害关系人），且意愿人或代理人可以随时反悔。申请的规则和程序由立法规定或有关机关制定，专家委员会的合议应透明化，合议的处理结果要根据规定及时送达申请人及相关人员。

另外，需存在两名以上的医生的认可并作出书面同意，其中一名医生必须为患者的主治医生。医生应根据医疗权威机构提出的判定标准进行考量，并按照程序进行判定。

最后，终止救治决定权是在满足一定医学标准的前提下，由患者本人作出放弃治疗决定的权利。但是脑死亡患者无法由本人作出放弃治疗的表示，在此情况下需分情况讨论。

如果患者对自己的健康护理和终止救治有明确的预先指示，则其监护人和医生应尊重他的意愿。但拒绝治疗的预先指示不适用于因危害指示人生命而可能危害其胎儿生命的情况。也就是说，如果脑死亡患者处于怀孕状态，但医生判断其胎儿尚存在生存可能时，则不能仅依据预先指示对患者终止治疗。

如果患者对自己的健康护理和终止救治没有预先指示，则其法定监护人或意定监护人应该具有“代作决定权”。器官移植立法的基础是“以病人本人的意志为依据”，无论医生或是病患家属，都必须忠实地执行病人本人的意志，在病人无法表达其意志的情况下，可由监护人代替病人表达意愿，其顺位是：病人的配偶、子女、父母、病人生前信任的亲朋好友和病人的律师，等等。在患者符合脑死亡判定标准情况下，可以由主治医生撤除维生设备、停止供给营养。

采用“脑死亡”作为死亡标准，有利于提高器官移植的数量和质量。脑死亡者仍有残余心跳，各脏器的血液供应得以维持，所以在及时施行人工呼吸和给氧的条件下，各脏器组织不会像心脏死亡者那样发生缺血、缺氧。作为供体，这些脏器组织有较强的活力，为移植成功提供了先决条件。[①] 可以预期，在对“脑死亡”立法后，更多的垂危病人能获得重生机会。

二、通过立法统一全国范围内器官移植管理和分配的标准

在我国，无论是器官分配还是器官移植的流程管理，都开始尝试通过法律法规的形式予以健全和规定，2013 年 8 月国家卫生和计划生育委员会印发《人体捐献器官获取与分配管理规定（试行）》（已于 2019 年修订）对捐献器官的获取、分配和监督管理予以规定。在该规定中，不但规定了由医学专业人员组成的人体器官获取组织（OPO）以第三方的身份对器官移植过程进行管理，还引入“人体器官捐献协调员”等身份，协助 OPO 共同制定潜在捐献人识别与筛选医学标准，建立标准的人体捐献器官获取技术规范等。可以说，这是我国通过立法规范器官移植管理和分配的重要一步。

而作为部门规范性文件，其又具有一定的局限性。一方面，对于器官移植这项处于发展中的技术并没有进行具体的定义，如对于某些挑战道德观念、价值观甚至伦理观念界限的器官移植没有限制和说明，对于涉及基因、克隆及人工器官等具有争议的器官移植未加以说明，因此容易造成针对不同案例管理标准的不统一，2019 年修订后的《人体捐献器官获取与分配管理规定》仍未解决这一问题；另一方面，在《人体捐献器官获取与分配管理规定（试行）》中，规定有条件的省（区、市）可实施辖区内统一等待名单的捐献器官分

① 朱长珍：《脑死亡立法的科学基础和社会意义》，载《科学》2003 年第 4 期，第 29-32 页。

配制度，这实际上会造成器官移植管理和分配的地域差异，也会间接地造成某些病患的地缘转移。因此，2019 年修订后的《人体捐献器官获取与分配管理规定》删除了这一地域分配制度规定，但在监督管理中，其实质依旧是将管理和监督的权限交付在医方或管理医方的政府机关手中，OPO 的成员全部由医方或医疗机构就职人员构成，且对各个 OPO 缺乏统一管理的规定，难以保证 OPO 作为第三方机构的客观性和独立性。

鉴于以上两个问题，提出以下两个设想以完善针对器官移植管理和分配的立法构想。

（1）引入器官移植分级制度解决不同器官管理标准不统一问题。

“分级制度”的概念最初来源于美国电影协会对于电影的管制，依据观众不同年龄阶层的适宜性，将电影区分为四类。而本书中所述器官移植“分级制度”，则是依据医学上应用的普适性和是否具有试验性和风险性对其进行分类。

在初步设想中，将器官移植根据医学上应用的普适性分为四类。

①医学界普遍认可的非试验性器官移植

在第五章中进行医方和第三方立法讨论时，已经做过非试验性和试验性器官移植的划分，而在此处以“医学界普遍认可”冠以注释，则是认为随着器官移植的发展，适用于统一立法的器官移植手术种类将越来越多，因此该范围也将不断充实，这也是器官移植立法多元性的体现之一。

通常意义上，现在已经在医学领域应用广泛的皮肤移植，肝脏、肾脏等人体主要器官的器官移植，经过多年的临床医学积累已经具有医学上应用的普适性，虽然仍无法保证较高的手术成功率，但相对而言试验性及风险性较小。针对这一类器官移植，可以通过立法按照统一的标准进行器官分配和处置管理。将医学上具有应用普适性的器官移植与其他类型的器官移植区分开来，就可以对该范围内的器官移植管理系统进行细化和统一，不必担心特殊案例不断涌现。

②各国明令禁止的试验性移植

此处所谓的“各国明令禁止”，实际上是以联合国大会为准。在第 59 届联合国大会上，通过了一项政治宣言，要求各国禁止有违人类尊严的任何形式的人类克隆。其原因恰是克隆人类对于社会秩序和人类发展可能带来的高风险。对于我国民法领域来说，在民用医疗的范围内，这种带有试验性、高风险的人类活体克隆和随之而来的器官移植，需要通过立法明令禁止。这一明令禁止的范围不仅包括人类克隆，还包括医学未知领域可能发生但尚未知晓的对人类及社会具有潜在威胁的器官移植方式。

③医学界有过先例的带有试验性的器官移植

某些带有试验性的器官移植，在医学界已有先例，虽然风险性较高，但具备实施条件。在患者的身体器官发生病变或衰竭时，医方对患者需要履行救治义务。这些类型的器官移植，大多数都游走于技术和伦理道德的边界。在第一章第二节中所提到的头颅移植、全脸移植、生殖器官移植等，均有成功先例，但对其潜在的生理和心理风险现在尚未清晰。笔者认为，在立法中可以通过司法解释的形式对其区别对待，而不应将其列入医学界普遍认可的非试验性器官移植范围之中。在这一范围内，医方在履行针对患者的救治义务过程中，患者以及医方的权利和义务也需分别讨论。

④医学界没有先例的带有试验性的器官移植

值得一提的是，前文所述第 59 届联合国大会上通过的禁止克隆人类的议案，中国在投票环节投了反对票。而学界对于反对票的解读并不理解为中国支持克隆人，而理解为反对禁止治疗性克隆研究，支持禁止生殖性克隆。这也反映了我们国家针对试验性医疗的态度，是以发展科学治病救人为原则的。因此，诸如人工器官（此处主要指人体主要内脏器官）的整体移植，尚无明确的成功先例；诸如异种移植，由于物种不同，也无法一以概之，这些都属于在医学界没有先例或仅有极少个案的器官移植类型，属于治疗性的克隆研究，在立法中需要通过监管机构对其临床试验和实际医学操作予以监督。

通过器官移植的分级制度，将人体器官移植总结归类，针对前两类器官移植的管理制度和分配制度进行统一的立法，针对带有试验性的后两类器官移植，可以经过讨论后进行多元化的器官移植相关法规的订立，从而寻求器官移植管理和分配制度的统一，甚至推广到全国范围。

（2）将“医方”和“第三方机构”绝对分离的管理和分配体系。

在第五章第一节中，笔者已经提出将“医方”和“第三方机构”完全分离的管理和分配设想，基于现有立法中，“医方”和“第三方机构”都归属对口的国家卫生健康委员会等政府部门管理，如 OPO 等第三方机构的人员也主要出自医方或医疗机构，在这种情况下，便很难保证第三方机构在器官移植的分配和管理中保持绝对的独立性和客观性以及不牵涉利害关系。

在建立绝对客观公平的第三方机构设想中，有两个关键点。一是第三方机构必须为专职机构，其成员为全职人员。即使如 OPO 组织中的主要人员配置来自医疗机构，也必须保证其并非兼职为 OPO 工作。二是第三方机构中必须纳入法律专业的成员，使第三方机构在器官移植中除医学功能外，还具备作出法律判定、提供法律服务甚至为相关的法律法规的完善提供建议的功能。

在这样的前提下，第三方机构既可以客观独立地运行相关的器官移植分配和管理系统，也能主导器官移植技术的发展方向，划定其伦理界限。

第二节　亟待立法解决的器官移植焦点问题

一、针对死刑犯器官应用的管理和限制

在 20 世纪，由于我国供移植器官的主要来源为死刑犯这一情况被披露，中国医学界很长一段时间处于被动状态。国际移植界甚至曾制定针对中国的所谓“三不”政策，即不承认临床移植成果；不允许在国际权威杂志发表临床器官移植文章；不同意中国移植专家加入世界移植组织。这使得中国器官移植技术的发展一度停滞。

2005 年，在世界卫生组织西太平洋地区的卫生高层会议上主动表明中国推进器官移植事业改革的决心后，我国对于死刑犯的器官应用也在逐渐严格管控。自 2015 年起，我国宣布全面停止使用死刑犯器官，这使得“自愿捐献”成为器官移植供体的唯一来源。

从法理角度来说，死刑犯作为公民，其捐献器官的权利并未被剥夺。因此，全面停止使用死刑犯器官的规定并非剥夺死刑犯捐献器官的选择权。而恰恰是需要通过立法，对死刑犯行使这一权利进行更完善的规定，并对死刑犯器官捐献进行更为严格的管控。

对于死刑犯捐献器官选择权的保障，主要在于保障死刑犯及其

家属“自愿捐献”这一关键原则的程序制度设计及监管体系建立上，保证死刑犯及其家属“完全知情”和“自主自愿”，对于自愿捐献的意愿进行充分确认。同时，笔者建议监管系统与执行系统需严格分开，由不同机构部门负责，以高度透明为原则。

针对死刑犯器官捐献进行的专门立法研究，有必要从以下几个方面予以完善：(1) 死刑犯有权通过活体器官捐献的方式将自己的活体器官捐献给配偶、父母、子女与兄弟姐妹等直系亲属；(2) 死刑犯的活体器官捐献需专门通过负责审核的第三方机构或器官移植法律伦理审查委员会进行监督审核；(3) 死刑犯有权自主表达“自愿捐献”的意愿，选择在执行死刑后捐献自己的器官；(4) 死刑犯在表达“自愿捐献”意愿后，死刑执行机关需考虑行刑方式对死刑犯遗体器官的影响。虽然前文已经论述现阶段主要的两种执行死刑的方式——枪决和注射，均不作用于器官本身，不会对尸体器官的利用产生影响，但随着器官移植技术的发展以及可纳入器官移植和管理的器官种类越来越多，这一问题依旧值得关注。同时，在对死刑犯执行死刑后，也需配合器官移植医方或第三方机构摘取死刑犯器官的相关工作，以保证器官的完整可用。

二、对未成年人活体器官的捐献进行明确规定

在国际上，各个国家和地区的立法大多出于未成年人的身体及心智尚未成熟的考虑，不允许未成年人活体器官捐献。2007 年，国务院颁布的《人体器官移植条例》第九条明确规定：“任何组织或者个人不得摘取未满 18 周岁公民的活体器官用于移植。”

然而，随着社会的发展，我国国民的整体素质也在不断上升，大众对于某些社会问题的观点也开始呈现多元化的发展趋势。诸如"湖北 11 岁女孩增胖 18 斤捐献骨髓救母""8 岁男孩增重 20 斤，只为捐献骨髓救父亲"等新闻都是真实发生的社会事件。

虽然人体骨髓有再生能力，但是骨髓移植在医学上本身就是器官移植的一种，因此在医学发展越发飞速的今天，笼统地禁止未成年人进行活体器官捐献显然已经不适应当今时代的立法需要。

未成年人能否进行活体器官捐献这一问题，法学界也一直存在争议。持支持意见的人认为，只要器官移植不会对未成年人的身体健康和生命安全带来威胁，未成年人自愿捐献器官可以缓解我国在器官供需关系紧张和器官年龄层断层等问题上的窘境。而反对者认为，器官移植手术本身便伴随着高风险，未成年人处于生长发育期，器官捐献将对其成长发育乃至日后的健康产生潜在的危险。

我国器官移植法学领域的专家刘长秋教授在《器官移植法研究》一书中提到，器官移植的理论前提是不对供体的生命健康带来损害，而事实上，器官移植通过手术的方式进行，必然会存在生命风险和健康损害。因此，器官移植有可能损害未成年人作为特殊的供体群体的健康，在被摘取器官后的承受能力及未来健康需求等许多方面都还具有不确定性的特点，容易引发损害其合法权益的事件发生。对于未成年人自愿捐献身体器官的行为，立法在进行处理时，应当仔细权衡、谨慎考虑，不宜提倡未成年人捐献身体器官。[①]

① 刘长秋、李国峰：《浅谈器官移植中青少年权利的法律保护》，载《中国卫生法制》2003 年第 1 期，第 9-10 页。

笔者认为，针对未成年人活体器官捐献的立法矛盾，主要是未成年人捐献资格与其意愿的矛盾。作为非完全行为能力人，未成年人不符合器官移植“自愿捐献”中完全行为能力人的要求。但假如未成年人存在强烈的器官捐献的意愿，如将器官捐献给自己的双亲等情况，倘若他们不能通过合法途径得到实现，作为非完全行为能力人，可能转向非法途径寻求器官移植的实现。

而未成年人也缺乏足够成熟和理性的自我判断能力和情绪控制能力，对器官移植的后果等都难以具有足够清醒的认识和理解，从主观上也容易受到成年人的引导，确实无法对其“自愿捐献”的意愿做出明确而清晰的判断，容易遗留问题和纠纷。

就我国相关立法，笔者认为现阶段社会对于未成年人能否进行活体器官捐献问题的立法需求已经不能完全用“一刀切”的方式来解决。同时，应指定或专门成立相应管理机构，承担判定、管理及进行特别许可的职责。

对于未成年人的“自愿意愿”和决策能力，需要结合年龄的硬指标和心理评估的软指标，由两项指标共同决定其是否适合器官移植；同时，对不符合要求的未成年人器官捐献条件作出极其严格的限制，其目的是最大限度地维护未成年人的生命健康权。具体立法构想有以下几点。

（1）未成年人捐献可再生器官，如造血干细胞、骨髓等，在未成年人具备同意能力时，对其“自愿捐献”进行判定并及时介入，在未成年人不具备同意能力时，由其法定代理人决定。

（2）未成年人捐献非可再生器官，需首先达到“成熟的未成年人”这一标准。对于这一标准的判定，笔者通过查阅相关资料，认为14岁是相对合适的年龄限制，达到这一年龄后，未成年人无论是生理还是心理上的发育均基本成熟，器官的摘取对于其生命健康权的影响相对较小，其也具备基本自主的判断能力和决策能力。在此年龄限制之上，还需要通过专业的心理医生的评估，以印证其判断能力和决策能力。在此基础上，才可认为未成年人符合器官移植供体的法律要求。

（3）针对“未成熟的未成年人”，即年龄不满 14 岁或年满 14 岁但未通过心理评估的未成年人，在接受其器官捐献的受体已无其他切实可行的治疗手段，且无切实可行的其他捐献人、不具有疗效可比性的其他治疗方法或其捐献器官成活率非常显著地优于其他捐献人的情况下，负责审核的第三方机构或器官移植法律伦理审查委员会可以接受其器官捐献的申请，但是依旧需要达到非常严格的标准方可批准：①受体范围仅限父母、子女或兄弟姐妹；②必须有家庭的捐献同意，必须有由监护人和家庭代表共同签字的书面捐献志愿书；③未成年人能够表达“自愿捐献”的意思。

第三节　器官移植立法的前沿问题探讨

随着社会的发展和医学的进步，器官移植领域会不断涌现各种新技术和新问题，针对这些器官移植立法的“未知领域”，笔者认为亟须由第三方机构介入讨论，从医学和法学两个方面予以论证，并对由这些问题所引发的社会观点通过官方途径予以引导。

一、以“交叉移植”为例的器官移植领域新兴现象立法讨论

以前文中所提到的“交叉移植”问题为例，倘若根据我国现行器官移植立法，这种有“交换器官”性质的行为，从本质上并未触犯器官移植相关法律的要求，同时具有共赢性。而现有规范对于“交叉移植”规定的模糊，也为其暗箱操作及违法运营留下余地。“交叉移植”并非器官移植医学的突破，而是属于在器官移植方面的问题长期无法通过立法或增加器官来源等途径解决，由民间自发形成的互助形式，但这种新形式的蔓延不得不引起立法的重视。

对于“交叉移植”，世界各国的立法态度主要有以下几种类型。一是绝对禁止非亲属间的活体器官捐献。这种观点也同样绝对禁止“交叉移植”的发生。二是禁止非亲属间的活体器官捐献，但将“交叉移植”作为特例可供实施。比如，英国 1989 年所颁布的《人体器官移植法案》便对此有所规定。三是法律不对“交叉移植”进行讨论或明文规定禁止。这也是我国现阶段针对“交叉移植”的立法现状。这便为民间的互助组织甚至违法运营者留下了空间。

笔者认为，“交叉移植”及同类问题的症结，是活体器官移植对象范围的问题。现阶段活体器官的移植，尚将受体限于“活体器官捐献人的配偶、直系血亲或者三代以内旁系血亲，或者有证据证明与活体器官捐献人存在因帮扶等形成亲情关系的人员”。[①] 可见并非完全以“血缘”进行划分，也包含对于“亲情”的宽容。实际上，

① 参见《人体器官移植条例》，中华人民共和国国务院令第 491 号。

我国立法对于活体器官移植对象的限制，是不允许“陌生人”之间进行相互移植的，其本质目的是为了防止器官买卖和钱权交易。而“交叉移植”中双方交换的基础不是金钱和买卖，而是双方患者“健康”的交换，作为互为器官移植的供体和受体家庭，其具有强烈的同理心，这实际上已经超越“陌生人”的范围。

对立法者与社会民众而言，切合本土文化与法律传统的“交叉移植”立法才是最好的选择。相较第三种模式，第二种立法模式更加适应我国的国情及传统，既能避免放开“交叉移植”给器官买卖提供可乘之机，又能最大限度地满足器官衰竭患者的实际需求，使器官资源得到最大化的有效利用。

这就需要第三方机构介入，从医学和法学两个方面予以论证，制定评估系统和标准，证明活体器官捐献人与受体有特别密切的关系，排除存在器官非法买卖的合理怀疑，方可对“交叉移植”进行特殊授权。

二、对于试验性器官移植的伦理审查

在前文中已经提到诸多由器官移植技术创新带来的伦理风险，因此第三方机构还应该担负起“伦理审查委员会”的责任。对于某些不利于社会伦理甚至人类发展的高风险试验性器官移植，如克隆人，应予以坚决的禁止。

而针对越来越多从理论进入实践的试验性器官移植，如人脸移植、头颅移植等考验我国社会伦理接受度的试验，也应由第三方机构中的“伦理审查委员会”予以审核界定，在参照国际惯例的同时，兼顾我国的传统和道德标准。在此也提出几条与伦理审查相关的原则：尊重且不逾越既有法律法规；保有适合我国特点的伦理道德和人性底线；按照鼓励器官移植科学发展、兼顾社会伦理接受度的标准立法；尊重我国大多数公民的价值观和认知，但也允许司法解释特例。

第四节　完善监管制度，加大惩罚力度

器官移植类犯罪主要有：违反知情同意原则类犯罪（强行获取器官、使用欺诈手段获取器官和非法确定死亡）、非法行医类犯罪、违反信息规则类犯罪（非法公开病患信息、提供虚假信息等）和商业类犯罪（买卖器官、走私器官等）。这类犯罪行为往往会严重危害公民生命健康权及病患的隐私权，因此在罪刑法定原则的指导下，在现行刑法中增加相应的器官移植类犯罪的罪名以及相应的刑罚是预防器官移植类犯罪最有效的方式。[①]

2011 年 5 月 1 日起实施的《中华人民共和国刑法修正案（八）》明确规定了组织出卖人体器官罪。修正后的《中华人民共和国刑法》第二百三十四条之一第一款规定："组织他人出卖人体器官的，处五年以下有期徒刑，并处罚金；情节严重的，处五年以上有期徒刑，并处罚金或者没收财产。"2013 年 9 月 1 日起施行的《人体捐献器官获取与分配管理规定（试行）》（已于 2019 年修订）规定，有下列情形，涉嫌构成犯罪的，依照《刑法修正案（八）》《人体器官移植条例》

① 刘长秋：《论器官移植犯罪的概念、构成及其立法应对》，载《北京人民警察学院学报》2005 年第 2 期，第 22-24 页。

等法律法规规定，移交公安机关和司法部门查处："（一）未严格按照死亡判定程序进行死亡判定的；（二）违背公民生前意愿获取其尸体器官，或者公民生前未表示同意，违背其近家属意愿获取其尸体器官的；（三）未通过器官分配系统分配捐献器官的；（四）未执行器官分配结果的；（五）伪造医学数据，骗取捐献器官的；（六）OPO 在服务范围外获取捐献器官的；（七）医疗机构及其医务人员向指定的 OPO 以外的机构、组织和个人转介潜在捐献人的；（八）涉嫌买卖捐献器官或者从事与买卖捐献器官有关活动的；（九）其他违反本管理规定的行为。"该规定充分考虑了器官移植过程中可能涉及的刑法问题，但器官移植毕竟是一项复杂的医疗行为，上述规定不可能将可能涉及的所有器官移植类犯罪全部纳入其中，因此将其让位于部门法来解决，应成为今后器官移植领域的立法选择。修订后的《人体捐献器官获取与分配管理规定》亦删除了上述列举式条文。

我国人体器官移植供体缺口较大，主要原因除受传统观念影响外，更在于缺少完善的捐献体系。专家认为，更为紧迫的是，在打击人体器官买卖黑中介的同时，如何建立起人体器官移植捐献体系，这才是保障数以万计等待器官移植的病人获得及时救治的不二选择。[①] 在器官移植立法中，需要规避对经济利益的驱动诱因，否则不法经营者将钻法律空子进行敛财。为此，根据我国现阶段的具体国情，首先需要考虑资源的公平利用，再进一步考虑资源的利用效率，要"对器官移植的各中间环节进行严格的统一监管，堵住在器官移

① 祝彬：《器官移植中隐私权的保护》，载《企业家天地下半月刊（理论版）》2009 年第 10 期，第 247-248 页。

植过程中非法牟取暴利的各种渠道，保障患者的根本利益”。①

成立专门的器官移植监管委员会，由该委员会统一负责全国器官移植的监管工作，对器官的来源、存贮、使用等方面进行严格统一监管，防止非法牟取暴利。在器官移植监管委员会下设置由法律专家、医学专家、道德专家等组成的器官使用鉴定小组，对器官申请者进行鉴定，保证公平。最终，建立更加完善的法律保障体系，在进行充分调研、学习、借鉴的基础上，制定我国的《器官移植法》及与之配套的操作规程、行业规范，防止法律体系上缺陷或漏洞的出现。

目前，阻碍器官移植有效挽救患者生命、恢复患者健康的另两个主要因素在于医疗人才短缺及患者经济能力的制约。一方面，2015 年发布的《中国器官捐献指南》指出，目前全国只有 169 家医疗机构具备移植资质，能够进行器官移植手术的主刀医生仅百余人，其中能做心脏、肺移植手术的主刀医生更是少数。而美国有 320 多家医院具备移植资质，从事器官移植的医生超过 1000 人。可见，人才短缺制约了我国器官移植事业的发展，亟须扩大移植医生队伍。另一方面，由于器官移植治疗涉及移植手术、术后治疗和护理等多方面，平均治疗费用高达几十万元。2015 年，据全国政协常委、中国器官捐献与移植委员会主任黄洁夫介绍，我国每年大约有 150 万器官衰竭患者，其中有 30 万人适合器官移植方式治疗，但真正有经济能力做器官移植手术，进入医院，在中国人体器官分配与共享计算机系统里等待移植的患者仅 2.8 万人。对此，不少专家建议，应将器官移植作为大病救助的主要项目，列入医保范畴。世界上大部分

---

① 李莎莎:《器官移植问题的刑法研究》，郑州大学 2011 年硕士学位论文。

国家，包括印度、古巴在内，都将器官移植纳入医保或者大病救助。因为器官移植是生与死的抉择，器官移植从某种程度上来说就是老百姓的救命法。目前，我国部分地区已将器官移植的术后治疗费用纳入医保范畴，减轻了患者的部分负担，而最终将器官移植手术费用纳入医保或大病救助是我国器官移植医疗体系发展的必然趋势，也是真正实现国家对公民生命健康的有力保障和人文关怀的重要举措。

参考文献

A. 专著类

1. 梁慧星、陈华彬:《物权法》,法律出版社 1997 年版。

2. 陈本寒:《医疗纠纷法律实务》,农村读物出版社 2000 年版。

3. 黄立:《民法总则》,中国政法大学出版社 2002 年版。

4. 张新宝:《隐私权的法律保护》,群众出版社 2004 年版。

5. 刘国涛:《人的民法地位》,中国法制出版社 2005 年版。

6. 吴崇其、达庆东:《卫生法学》,法律出版社 1999 年版。

7. 张新宝:《中国侵权行为法》,中国社会科学出版社 1998 年版。

8. 刘长秋:《器官移植法研究》,法律出版社 2005 年版。

9. 高崇明、张爱琴:《生物伦理学十五讲》,北京大学出版社 2004 年版。

10. 高兆明、孙慕义:《自由与善:克隆人伦理研究》,南京师范大学出版社 2004 年版。

11. 李永生、付元秀:《医学伦理学》,郑州大学出版社 2002 年版。

12. 翟晓梅、邱仁宗:《生命伦理学导论》,清华大学出版 2005 年版。

13. 熊永明:《我国人体器官移植犯罪及其刑法规制》,法律出版社 2015 年版。

14. 龚波:《器官短缺：法理学的视角》，中央编译出版社 2014 年版。

15. 苏玉菊:《“新公共卫生”法律规制模式研究：基于治理的视角》，法律出版社 2015 年版。

16. [美] 斯科特·伯里斯、申卫星:《中国卫生法前沿问题研究》，北京大学出版社 2005 年版。

17.Austen Garwood-Cowers. Living Donor Organ Transplantation: Key Legal and Ethical Issues. Dartmouth Publishing Company，1999.

18.Kenyon Mason，McCall Smith, Graeme Laurie. Law and Medical Ethics. Butterworth，2002.

B. 期刊类

1.《日本首例脑死判定及脏器移植》，载《医学与哲学》1999 年第 8 期。

2. 郭自力:《器官移植立法问题探讨》，载《当代法学》2000 年第 6 期。

3. 杨金丹:《人体器官权的法学思考》，载《知识经济》2010 年第 5 期。

4. 东威、颐民:《脑移植和人造脑》，载《科学咨询》2002 年第 13 期。

5. 晓楠:《头颅能移植吗》，载《大众健康》2002 年第 4 期。

6. 王瑞良:《头颅移植》，载《知识就是力量》2013 年第 9 期。

7. 张利朝、胡卫列等:《关于阴茎移植的伦理问题》，载《医学与哲学（临床决策论坛版）》2006 年第 3 期。

8. 钱炜:《万能猪：开启人体“组装”时代？》，载《中国新闻周刊》2011 年第 13 期。

9. 韩颖:《异种器官移植的发展与医学伦理学思考》，载《中国医学伦理学》2005 年第 3 期。

10. 任元鹏:《异种移植的法律问题思考》，载《医学与哲学（临床决策论坛版）》2007 年第 3 期。

11. 杜瑞芳:《异种移植法律问题初探》，载《河北法学》2004 年第 8 期。

12. 刘长秋：《论瑕疵器官移植的损害赔偿责任》，载《北方法学》2013 年第 2 期。

13. 彭志刚、许晓娟：《器官移植受益人的权利保护及其限制》，载《法商研究》2007 年第 3 期。

14. 孙道锐：《论器官捐献人的撤回权》，载《西南石油大学学报（社会科学版）》2014 年第 4 期。

15. 薛文成：《关于赠与合同的几个问题》，载《清华大学学报（哲学社会科学版）》1999 年第 4 期。

16. 李锡鹤：《论民法撤销权》，载《华东政法大学学报》2009 年第 2 期。

17. 钟会亮：《关于活体器官供者的伦理思考》，载《中国组织工程研究》2012 年第 5 期。

18. 林小波、魏亮瑜：《器官捐献者于捐出前撤销捐献的法律问题探讨》，载《中华医院管理杂志》2013 年第 9 期。

19. 李磊、张同琳等：《存在门静脉血栓及癌栓的肝癌患者的肝移植》，载《中华器官移植杂志》2005 年第 3 期。

20. 申卫星、王琦：《论人体器官捐献与移植的立法原则》，载《比较法研究》2005 年第 4 期。

21. 赵金萍、陈晓阳、曹永福等：《论人体肾脏捐献中的合理补偿原则》，载《医学与哲学（人文社会医学版）》2006 年第 2 期。

22. 李娜玲：《关于非亲属间活体器官“交叉移植”的法律思考》，载《河北法学》2011 年第 5 期。

23. 张少林、卜文：《推定同意的刑法意义探究——兼谈医疗手术行为中的紧急推定同意》，载《四川警察学院学报》2010 年第 2 期。

24. 崔庚申、翟晓梅：《公民逝世后器官捐献的推定同意及其在中国的可行性》，载《中国医学伦理学》2014 年第 3 期。

25. 张海燕：《从尊重生命权看人体器官移植相关法律问题》，载《山东大学学报（哲学社会科学版）》2008 年第 4 期。

26. 郑立军：《未成年人器官捐赠研究》，载《青少年犯罪问题》2013 年第 5 期。

27. 吴优：《浅论人体器官捐赠行为的法律效力》，载《广州大学学报（社会科学版）》2009 年第 11 期。

28. 周大伟：《从身份到契约：对器官移植新法规的思考》，载《中国新闻周刊》2013 年第 32 期。

29. 龚波：《论非法器官移植中医院的法律责任》，载《法制与社会》2013 年第 5 期。

30. 胡艳香：《严格责任与过错责任之关系论》，载《社会科学家》2007 年第 2 期。

31. 杨立新、曹艳春：《脱离人体的器官或组织的法律属性及其支配规则》，载《中国法学》2006 年第 1 期。

32. 雷瑞鹏：《关于克隆技术的伦理思考》，载《华中科技大学学报·社会科学版》2005 年第 3 期。

33. 汪丽青：《人体器官移植中生命权法律保护的探讨》，载《中国卫生法制》2011 年第 2 期。

34. 郑大喜：《医患诚信缺失的原因及其重构策略》，载《现代医院管理》2007 年第 2 期。

35. 尚鹤睿、伍天章：《尊重人格尊严　保障医务人员的权利》，载《中国医学伦理学》2008 年第 1 期。

36. 刘长秋：《两岸器官捐献移植立法比较研究》，载《台湾法研究学刊》2004 年第 4 期。

37. 刘长秋：《澳门器官移植法研究——澳门器官移植法及其对大陆器官移植立法之启示》，载《法治研究》2009 年第 5 期。

38. 陈来成：《关于器官移植的立法问题的探讨》，载《中国卫生事业管理》2002 年第 4 期。

39. 高向华:《中日器官移植法律制度初步比较与分析》，载《医学与哲学（临床决策论坛版）》2007 年第 1 期。

40. [日] 足立智孝、金晓星:《日本的脑死亡与器官移植》，载《中国医学人文评论》2005 年。

41. 郭淑敏:《日本政府脑死亡与器官移植临时调查委员会报告》，载《中国医学伦理学》1993 年第 2 期。

42. 陈实:《器官移植新进展》，载《临床外科杂志》2004 年第 1 期。

43. 朱长珍:《脑死亡立法的科学基础和社会意义》，载《科学》2003 年第 4 期。

44. 孙秋云、陈宁英:《社会学视野下的“脑死亡”标准及立法问题》，载《华中科技大学学报（社会科学版）》2004 年第 1 期。

45. 刘世华:《关于脑死亡和心死亡》，载《中学生物学》2004 年第 3 期。

46. 何秋明、李幼平、李胜富:《异种移植社会伦理问题》，载《中国修复重建外科杂志》1998 年第 6 期。

47. 刘长秋:《论器官移植供受体生命健康权的法律保护》，载《新疆警官高等专科学校学报》2004 年第 3 期。

48. 王萍、刘维全:《刍议夫妻间活体器官移植之法律规制》，载《医学与法律》2011 年第 3 期。

49. 李燕、马先松等:《我国人体器官移植立法若干问题的探讨》，载《科技进步与对策》2000 年第 5 期。

50. 雷丽平:《论人体器官移植中活体捐献人利益保护制度》，载《学理论》2013 年第 35 期。

51. 杨立新、张莉:《论植物人的权利行使和保护——植物人法律问题系列研究之二》，载《法律适用》2006 年第 9 期。

52. 祝彬：《器官移植中隐私权的保护》，载《企业家天地下半月刊（理论版）》2009 年第 10 期。

53. 谢言许：《器官移植引发的伦理问题研究》，载《科技经济市场》2014 年第 1 期。

54. 韩大元、于文豪：《论人体器官移植中的自我决定权与国家义务》，载《法学评论》2011 年第 3 期。

55. 余能斌、涂文：《论人体器官移植的现代民法理论基础》，载《中国法学》2003 年第 6 期。

56. 刘士国：《患者隐私权：自己决定权与个人信息控制权》，载《社会科学》2011 年第 6 期。

57. 郗立军：《论脱离人体的器官的法律属性——与"二元区分说"商榷及对"人身之外"的理解》，载《法学论坛》2011 年第 5 期。

58. 刘长秋：《人体移植器官产品化法律调整论批判——兼论人体移植器官来源困境之立法应对》，载《政治与法律》2016 年第 7 期。

59. 刘长秋、李国峰：《浅谈器官移植中青少年权利的法律保护》，载《中国卫生法制》2003 年第 1 期。

60. 刘长秋：《论器官移植犯罪的概念、构成及其立法应对》，载《北京人民警察学院学报》2005 年第 2 期。

61. 陈云良：《人体移植器官产品化的法律调整》，载《政治与法律》2014 年第 4 期。

62. 徐明：《论我国器官移植脑死亡的合法化》，载《法学杂志》2014 年第 4 期。

63. 刘长秋、赵志毅：《人体器官买卖与捐献的法律分析》，载《法律与医学杂志》2007 年第 1 期。

64. 夏蔚：《我国活体器官移植供体的民法保护》，载《法制博览》2018 年第 2 期。

65. 黄丽英:《中国医生在器官移植中面临的伦理、法律问题及责任》，载《中国医学伦理学》2007 年第 5 期。

66. 刘长秋、陈占彪:《论我国器官移植立法过程中应坚持的基本原则》，载《法律与医学杂志》2005 年第 1 期。

67. 刘长秋:《两岸四地生命科技刑法比较研究》，载《四川警察学院学报》2013 年第 1 期。

68. 刘长秋:《我国〈人体器官移植条例〉的修改完善》，载《四川警察学院学报》2015 年第 2 期。

69. 杨顺良、吴志贤、高霞等:《我国器官移植伦理委员会的建设与规范化运行思考》，载《中华移植杂志（电子版）》2011 年第 2 期。

70. 侯峰忠:《美国器官捐献和移植管理体系简介》，载《中华移植杂志（电子版）》2011 年第 4 期。

71. 魏丽、游华、蒲川:《器官移植供体公平分配问题的初步研究》，载《医学与哲学（人文社会医学版）》2011 年第 5 期。

72. 李娜玲、葛欣:《关于器官“交叉移植”现象的法律解读》，载《医学与哲学（人文社会医学版）》2009 年第 11 期。

73.Weilie Hu，et al.，A Preliminary Report of Penile Transplantation，Eur Urol.，2006，50（4）.

C. 学位论文类

1. 陈丹:《人体器官移植侵权责任研究》，重庆大学 2009 年硕士学位论文。

2. 孟一姝:《人体器官移植的刑法问题研究》，山东大学 2009 年硕士学位论文。

3. 李莎莎:《器官移植问题的刑法研究》，郑州大学 2011 年硕士学位论文。

4. 吴蓉:《人体器官移植的民事责任探究》，湖南师范大学 2007 年硕士学位论文。

5. 刘传斌:《我国医疗损害举证责任研究》,华中科技大学 2011 年硕士学位论文。

6. 刘东妮:《医疗事故民事责任领域的利益平衡研究》,湘潭大学 2008 年硕士学位论文。

7. 董丽丽:《医疗事故罪研究》,黑龙江大学 2015 年硕士学位论文。

8. 郕立军:《器官移植民法基本问题研究——以捐赠者自己决定权为视角》,复旦大学 2010 年博士学位论文。

9. 王韶婧:《植物人法律人格及其权利保护研究》,复旦大学 2010 年硕士学位论文。

D. 其他

1. 唐雪梅:《器官移植法律研究》,载《民商法论丛》(总第 20 卷),法律出版社 2001 年版。

2. 陈现杰:《残疾赔偿金、死亡赔偿金的若干法律问题析解》,载《民事审判指导与参考》(总第 17 辑),法律出版社 2004 年版。

3. 许秀华:《器官资源分配如何公正　生命权能优先?》,人民网,http://scitech.people.com.cn/GB/25509/37822/37823/3610615.html,2005-8-12。

4.《卫生部副部长黄洁夫称器官移植条例年内完成修改》,中国网,http://news.china.com.cn/2012lianghui/2012-03/07/content_24832036.htm,2012-3-7。

5.《器官分配与共享系统运行两年　分配器官 742 例》,搜狐健康网,http://health.sohu.com/20130624/n380349660.shtml,2013-6-24。

6.US woman mauled by chimp shows new face in first photo, http://www.chinadaily.com.cn/world/2011-08/12/content_13098716.htm,2011-8-12.

7.Turkish success in face transplant, https://www.baidu.com/link?url=7ahA

njeSpebipskfYZr26bCUMTJsy_VLbKN9vT0GuTa76FHmX3OeE3JDcvojs5lepf
1xHts7AcztLUccgfpDZKc5ukC4FLc-tcNTDI2dTNpABXTk6r_AdsZReSOGX9a
h&wd=&eqid=9a6c3ccf000c5485000000025cc6a5f2，2013-7-21.

图书在版编目（CIP）数据

器官移植当事人相关权利保护研究 / 王韶婧著．—北京：中国法制出版社，2019.4

（医事法专题研究丛书）

ISBN 978-7-5216-0108-4

Ⅰ．①器…　Ⅱ．①王…　Ⅲ．①器官移植—当事人—权利—研究—中国　Ⅳ．①D922.164

中国版本图书馆 CIP 数据核字（2019）第 059198 号

策划编辑：潘孝莉

责任编辑：潘孝莉　马春芳　　封面设计：周黎明

器官移植当事人相关权利保护研究

QIGUAN YIZHI DANGSHIREN XIANGGUAN QUANLI BAOHU YANJIU

著者 / 王韶婧

经销 / 新华书店

印刷 / 三河市紫恒印装有限公司

开本 / 640 毫米 × 960 毫米　16 开　　印张 / 12　字数 / 168 千

版次 / 2019 年 4 月第 1 版　　2019 年 4 月第 1 次印刷

中国法制出版社出版

书号 ISBN 978-7-5216-0108-4　　定价：42.00 元

北京西单横二条 2 号　邮政编码 100031　　传真：010-66031119

网址：http://www.zgfzs.com　　**编辑部电话：010-66073673**

市场营销部电话：010-66033393　　**邮购部电话：010-66033288**

（如有印装质量问题，请与本社印务部联系调换。电话：010-66032926）